Sabriye Tenberken

TASHIS NEUE WELT

Ein blinder Junge zeigt uns Tibet

Mit Fotos von Olaf Schubert

Cecilie Dressler Verlag · Hamburg

Für Nordon

© Cecilie Dressler Verlag, Hamburg 2000
Alle Rechte vorbehalten
Fotos von Olaf Schubert
Einbandgestaltung: Groothuis & Consorten, Hamburg
Sachtexte: Ursula Heckel
Lithos: Grafische Werkstatt Kreher
Druck und Bindung:
Westermann Druck Zwickau GmbH
Printed in Germany 2000

ISBN 3-7915-1998-0

Inhalt

Blinde Kinder   8

Wie Tashi seine Erzählung begann   11

Sachthema: Tibet – Das Dach der Welt   14

Wie der Dorfdämon in einer großen Wut
Tashis Augen stahl   18

Sachthema: Götter, Klöster und Tempel   22

Wie Tashi den Sommer erlebte   28

Sachthema: Alltag in Tibet   34

Wie Tashi Ziegenhirte wurde   36

Wie Tashi von einer Schule hörte   41

Wie Tashi die Nomaden traf   46

Sachthema: Nomaden im Himalaya   50

Wie Tashi nach Lhasa reiste   52

Sachthema: Gesichter Tibets   56

Wie Tashi die große Stadt
kennen lernte   59

Wie Tashi die Schule für
blinde Kinder fand   63

Sachthema: Tibetische Sprache und Schrift   66

Wie Tashi das Losarfest in seinem
Heimatdorf feierte   70

Sachthema: Das Blinden-Zentrum Tibet   74

Autorin und Fotograf   76

Register   78

Nomadenland in der Nähe von Tingri, nahe dem Mount Everest und dem Mount Cho Oyu (8 153 m)

Blinde Kinder

Mein Name ist Nordon, das bedeutet im Tibetischen »Edelstein-Göttin«. Die Kinder in der Schule nennen mich aber Genla, was ganz einfach »Lehrerin« heißt.

Ich bin in Tibet geboren und lebe in Lhasa, einer großen und modernen Stadt. Das Hochland von Tibet ist das größte der Erde und wird auch das »Dach der Welt« genannt; es liegt zwischen den Gebirgszügen des Himalaya, des Karakorum und des Kunlun in Zentralasien.

Die Menschen hier leben in einer Höhe von 3 000 bis 5 000 Metern. Die Lebensbedingungen der Tibeter sind darum sehr hart. Es gibt lange und eisige Winter, mächtige Staubstürme, die Felder und Dörfer verwüsten, und es gibt nur einmal im Jahr Regen, genug, um die Flüsse über die Ufer steigen zu lassen, aber zu wenig, um für alle ausreichend Gemüse, Obst und Getreide anzupflanzen.

Bei uns in Tibet scheint die Sonne fast das ganze Jahr von einem immer strahlend blauen Himmel. Doch die Tibeter versuchen oft der Sonne zu entfliehen, denn sie fürchten, die starken Strahlen könnten ihre Augen verdunkeln, sie vollkommen blind werden lassen.

Die Tibeter haben nicht ganz Unrecht mit ihrer Furcht; es gibt viele blinde Menschen in diesem Hochland. Das liegt aber nicht nur an der starken Höhensonne, sondern auch am Ruß der Yakdungfeuer in den engen Hütten, am Vitamin-A-Mangel durch einseitige Ernährung und an der mangelhaften ärztlichen Versorgung.

Viele Tibeter sehen Blindheit als Strafe der Götter für schlechte Taten an. Manche glauben aber auch, dass blinde Menschen über große Kräfte verfügen und mit Dämonen in Verbindung stehen. Als blindes Kind in Tibet groß zu werden ist nicht leicht. Nur wenige sehen Blinde als gleichberechtigt an, und oft leben blinde Kinder isoliert von ihren sehenden Spielkameraden in den Hüt-

ten oder werden von der Familie zum Betteln auf die Straße geschickt. Viele Menschen meines Landes können sich auch nicht vorstellen, dass ein blindes Kind Lesen und Schreiben lernen und wie andere Kinder spielen und glücklich sein kann.

Seit einigen Jahren gibt es in Lhasa eine Schule für blinde Kinder und eine tibetische Blindenschrift, die durch eine »Langnase« in Tibet verbreitet wurde. In dieser Schule bin ich eine der Lehrerinnen.

Die blinden Kinder, die in diese Schule gehen, zeigen den Menschen in Tibet, dass sie nicht viel anders als sehende Kinder sind, dass sie auch lesen und schreiben, spielen und glücklich sein können.

Wie kann ein blindes Kind lesen und schreiben lernen?
Wie kann es seinen Weg von einem Ort zum anderen finden?
Hat ein blindes Kind auch Träume und Wünsche? Wie stellt es sich seine Zukunft vor?
Oft werde ich von sehenden Kindern gefragt, ob die blinden nicht traurig darüber sind, dass sie nicht sehen können. Dann lade ich die sehenden Kinder ein, sich in unserer Schule mit eigenen Augen davon zu überzeugen, welchen Spaß die blinden Kinder haben. Und es dauert meist nicht lang, bis ein klingelnder Ball aus einer Ecke gefischt wird und alle Kinder zusammen spielen und vergessen haben, dass die einen blind, die anderen sehend sind.
Die Schule der Blinden befindet sich in Lhasa Viele der Kinder kommen jedoch aus weit entfernten Dörfern, die hoch oben in den Bergen gelegen sind. Darum leben die Kinder in der Schule und besuchen nur einmal im Jahr, zur tibetischen Jahreswende, ihre Familien in den Heimatregionen. Die meisten Kinder werden dann in Bussen oder anderen großen Fahrzeugen zu ihren Eltern gebracht, einige wenige müssen jedoch zu

Pferd reisen, denn in manchen Gebieten Tibets gibt es weder Straßen noch Brücken über Flüsse und Bäche.

Auch der neunjährige Tashi gehört zu den Kindern, die um die Neujahrszeit auf dem Pferderücken in ihre Heimat reisen. Er stammt aus einem kleinen Dorf, das von seinen Bewohnern Namri (»Himmelshügel«) genannt wird. Dieses Dorf befindet sich mitten in den Bergen Tibets, umringt von großen grauen Felsen, auf deren Spitzen kleine Klöster thronen und über die Menschen in Namri wachen.

Die Bewohner des Dorfes sind meist Bauern oder Viehhirten, die ihr Leben weit entfernt von Städten, Straßen und Autos verbringen. Alle Erzählungen über die weite Welt, die sie von Besuchern hören, halten sie für farbenfrohe Märchen. Sie freuen sich aber immer sehr, wenn Pilger, Wanderer oder Nomaden ins Dorf kommen und von den Wundern der Welt berichten. Da hören sie dann von Feuer speienden Ungetümen, die in Windeseile über steinerne Wege rasen, von Lichtern, die wie Sterne ohne Feuer leuchten, und von einem kleinen Wunderkästchen, das die Fremden ehrfurchtsvoll »Telefon« nennen.

Sobald aber die Reisenden ihre Erzählungen beendet haben, lachen die Leute von Namri laut, bedanken sich für die angenehme Unterhaltung und stapfen wieder zur Arbeit auf die Felder und Weiden. Am Abend kehren sie zurück in ihre kleinen Lehmhütten, entzünden eine Butterlampe, die den Raum in warmes Licht taucht, und haben bald die sonderbaren Erzählungen über die komischen und recht nutzlos erscheinenden Wunder der Welt draußen vergessen.

Wie Tashi seine Erzählung begann

Am Morgen des Tages, als ich Tashi in sein Heimatdorf brachte, hatte sich das Land in eine märchenhafte Eiswelt verwandelt. Über uns wölbte sich ein strahlend blauer Himmel und vor uns lag eine glitzernde Winterlandschaft.

Von den Dächern der Häuser hingen lange Eiszapfen herab und in den Brunnen wuchsen kleine Säulen aus Eis. Die Leitungen einiger Brunnen waren in der Nacht zuvor geplatzt und das Wasser hatte auf den Höfen und Straßen Lhasas kleine Seen gebildet, die schnell mit einer dicken Eiskruste überzogen waren. Alles, was am Vortag auf den Wegen liegen geblieben war – Holzblöcke, eine Säge und eine verloren gegangene Kindermütze –, war von Eis überzogen und funkelte in der Morgensonne.

Tashi, eingehüllt in einen dicken Schafspelz, thronte auf seinem bepackten Pferdchen und wir trabten flussaufwärts in die Berge.

Es war kurz vor Losar; alle Menschen legen in diesen Tagen der tibetischen Jahreswende die Arbeit nieder und bereiten sich auf das große Fest vor, das im Kreise der Familie gefeiert wird.

Tashi war voller Vorfreude auf das Wiedersehen mit seinen Eltern Pala und Amala, mit seinen Geschwistern und den Kindern des Dorfes. Wieder und wieder spornte er sein Pferdchen an, schneller zu laufen, doch das kluge Tier wusste, dass noch ein langer und beschwerlicher Weg vor uns lag und es mit seinen Kräften haushalten musste.

Obwohl die starke Wintersonne auf uns niederbrannte, war es sehr kalt, denn ein heftiger Eiswind fiel von den verschneiten Bergen herab, ließ Hände und Gesicht taub werden und die Füße in den Fellstiefeln erstarren.

Nur unseren beiden Bergpferden schien dieser Wind nichts anzuhaben; sie trabten mit der immer gleichen Geschwindigkeit bergauf und bergab, kletterten über Geröllhalden und wateten durch die kleinen Zuläufe des Kyichu, immer darauf bedacht, den auf den Wellen tanzenden Eisschollen auszuweichen.

Gegen Mittag, wir hatten schon eine lange Wegstrecke hinter uns gebracht, wurde Tashi ungeduldig. »Wie weit ist es noch? Ich mag nicht mehr!«

Ich konnte Tashis Unmut nur allzu gut verstehen, denn wir saßen auf hölzernen Sät-

Schafe am Namtso, dem zweitgrößten See des tibetischen Hochlands, 4 718 m hoch gelegen.
Der Gebirgszug ist der Nyenchen Thangla, nach tibetischem Glauben Sitz der gleichnamigen Gottheit.

teln, die auf solch langen Reisen nicht besonders gemütlich sind.

»Geduld, Tashi. Wir werden in deinem Dorf sein, wenn die Sonne untergeht.«

Tashi hielt sein Gesicht in die Sonne, die genau über uns stand, und meinte verdrießlich: »Das ist aber noch eine lange Zeit – und ich weiß nicht, ob ich mich dann nicht schon in einen Eiszapfen verwandelt habe.«

Irgendwie musste ich den Jungen bei Laune halten, denn wir hatten noch viele Reisestunden vor uns. Und da ich wusste, dass er den Kindern in der Schule immer gerne Geschichten aus seinem Heimatdorf erzählte, versuchte ich es so: »Tashi, wie wäre es, wenn du zum Zeitvertreib ein Lied singst? Oder mir eine Geschichte erzählst?«

»Was soll ich denn erzählen?«, fragte er ein wenig gelangweilt. »Möchtest du hören, wie Nima quiekte, als eine kleine Maus aus ihrem Tsampabeutel hüpfte?« Tashi fing an, wie seine Schwester Nima zu quieken, und unsere beiden Pferde machten einen gewaltigen Satz nach vorne.

»Nein, Tashi!«, rief ich erschrocken. »Das ist mir zu gefährlich! Erzähl mir lieber etwas anderes.«

Tashi gluckste vergnügt. »Na gut, dann erzähle ich dir eben von unserem Dorfdämon und wie er in einer großen Wut meine Augen stahl.«

»Was ist denn das für ein Ungetüm?«, fragte ich entsetzt.

Tashi senkte die Stimme. »Du darfst nicht so reden, er ist nämlich mein Freund.«

»Ja, aber«, sagte ich, »wie kann er denn dein Freund sein, wenn er dir so etwas angetan hat?«

Tashi lächelte. »Ich darf ihm nicht böse sein, sonst passiert etwas noch Schlimmeres. Dämonen sind nämlich sehr launische Geschöpfe, musst du wissen.«

Ich wusste in der Tat nicht viel von diesen Wesen, denn ich bin in Lhasa, einer modernen Stadt, groß geworden und da glaubt man nicht an Dämonen. Da ich aber mehr über Tashi und sein Leben erfahren wollte, bat ich ihn, mir von dieser ungewöhnlichen Freundschaft zu erzählen.

Tashi machte es sich in seinem Sattel bequem und setzte die Miene eines weisen alten Mannes auf, wie er es immer tat, wenn er seinen Freunden in der Schule eine Geschichte erzählte. Und während die beiden Pferde gleichmäßig dahintrabten und neben uns der tief türkisblaue Fluss leise gurgelte, begann Tashi die Geschichte über den Dämon und damit seine eigene zu erzählen.

Der Weg war lang und Tashis Geschichte auch. Als ich ein paar Tage später nach Lhasa zurückkehrte und ein von Kindern verlassenes Schulhaus vorfand, setzte ich mich an den Schreibtisch, holte Papier und Stift heraus und begann Tashis Geschichte niederzuschreiben.

Tashis Geschichte geht weiter auf Seite 18

TIBET – DAS DACH DER WELT

Ein paar Zahlen über Tibet
Das ungefähr 2 Millionen Quadratkilometer umfassende Hochland von Tibet liegt im Zentrum Asiens, umschlossen von den Bergketten des Himalaya im Süden, dem Karakorum im Westen und im Norden vom Kunlun. Das von diesen Bergen umgebene Hochland hat eine geografische Höhe von 3 000 bis 5 000 Metern, die Berge aber sind die höchsten der Welt – der Mount Everest, der zum Himalaya gehört, ist 8 848 Meter hoch, viele weitere Gipfel erreichen Höhen von 7 000 Metern und mehr.
Im Norden und Osten grenzt Tibet an die Volksrepublik China, im Westen und Süden an Indien, Nepal, Bhutan und Burma.

Von Norden nach Süden misst das Gebiet über 1 200 Kilometer, von Osten nach Westen circa 2 400 Kilometer.
Das Land durchziehen mehrere große Ströme, von denen der Indus und der in Tibet Yarlung Tsangpo genannte Brahmaputra die größten und bekanntesten sind.
Mittelpunkt des Landes war und ist Lhasa, der »Ort der Götter«.

Die Autonome Region Tibet
Amtlicher Name TAR (Tibetan Autonomous Region); 1,22 Millionen Quadratkilometer groß (das ist ungefähr die dreieinhalbfache Größe von Deutschland), ca. 2 5 Millionen Einwohner (davon ca. 150 000 in Lhasa), gegliedert in die Stadtverwaltung Lhasa und die Präfekturen Shigatse, Lhokha, Nagchu, Nyingtri, Ngari, Chamdo.
Die Menschen sprechen in der Regel ihre Muttersprache Tibetisch, die Amtssprache ist Chinesisch.
Tibet war ein unabhängiges Land, das von Geistlichen und Aristokraten unter der Führung des geistlichen und politischen Oberhauptes – des Dalai Lama – regiert wurde.
1950 gliederten die Chinesen Tibet an China an und riefen 1965 die »Autonome Region Tibet« aus. Es handelte sich dabei um das Kernland. In Ost- und Nordosttibet wurden größere Gebiete abgetrennt und der Verwaltung angrenzender chinesischer Provinzen unterstellt. Der regierende 14. Dalai Lama blieb zunächst das regierende Oberhaupt der tibetischen Region. 1959 floh er nach Indien, wo er noch heute lebt.

Das Land und seine Menschen
Weitläufige Steppen, unwirtliche Hochebenen, die nur zur Viehweidung zu nutzen sind, abflusslose Salzseen und fruchtbare Flusstäler bestimmen außer den hohen Bergen das Bild Tibets.
Das Wetter ist fast das ganze Jahr hindurch trocken und windig. Regen fällt im Sommer, im Winter wird es sehr kalt, allerdings ohne größere Schneemengen.

Die Stadt Gyantse mit Tempel, Kloster und Festung

TIBET – DAS DACH DER WELT

Die Lebensart der Tibeter ist den klimatischen und geografischen Bedingungen sehr gut angepasst. In den Tälern siedeln Bauern, die vor allem Gerste, Kartoffeln und Raps anbauen. In den Regionen über 4 000 Meter Höhe leben die Nomaden. Sie wohnen in Zelten und ziehen mit ihren Yak-, Ziegen- und Schafherden über die Berge, von Weideland zu Weideland (siehe Seite 50).

Die wenigen Städte sind, mit Ausnahme von Lhasa, nicht sehr groß. Dort gibt es Elektrizität, Telefon, Fernsehen, Radio und Autos. Die Lebensweise auf dem Land ist vielfach noch von den alten Bräuchen bestimmt (siehe Seite 34).

Das bekannteste und wichtigste Tier Tibets ist der Yak. Er liefert Fleisch,

Neues und altes Haus in der tibetischen Stadt Shigatse

Fell und mit seinem Dung auch das Heizmaterial, aus der Milch der Yakkühe wird die Butter gewonnen. In den Bergregionen leben Braunbären, Schafe, Gämsen, Pferdeesel und – in den südöstlichsten Regionen – der Panda.

Religion
In Tibet ist die vorherrschende Religion der tibetische Buddhismus. Die geistigen Führer sind die Lamas, der Dalai Lama ist das religiöse Oberhaupt aller Tibeter (siehe Seite 23).

Sprache und Schrift
Die tibetische Sprache basiert auf Silben. Das Alphabet besteht aus 30 Grundbuchstaben und 4 darüber oder darunter geschriebenen Vokalzeichen (siehe Seite 66).

Lhasa
Die »heilige Stadt« der Tibeter liegt am Kyichu, einem Nebenfluss des Yarlung Tsangpo. Weithin sichtbar thront über der Stadt der im 17. Jahrhundert erbaute Potala, der Winterpalast des Dalai Lama, 13 Stockwerke hoch, mit 800 Räumen.

Inmitten der Stadt liegt, umgeben vom Barkhor, der Jokhang, der heiligste und wichtigste Tempel von Tibet, erbaut im 7. Jahrhundert.

Vor den Toren der Stadt findet man die berühmten Klöster von Sera, Drepung und Ganden und den Sommerpalast des Dalai Lama, Norbulingka.

Der Mount Everest. Sein tibetischer Name lautet Jomo Langma. 8 848m hoch, der höchste

Wie der Dorfdämon in einer großen Wut Tashis Augen stahl

Der Dorfdämon wohnte in einem alten Wacholderstrauch gleich hinter dem Ziegenstall. Es war eine recht finstere und stille Ecke, in die nur selten ein Sonnenstrahl oder eine neugierige Kindernase drang. Das war dem Dämon recht, Dämonen lieben das Dunkel und sie versuchen, so selten wie möglich auf Menschen zu treffen.

Eines Morgens aber kam der Dämon in die kleine Lehmhütte, die nicht weit vom Ziegenstall entfernt lag. Es war Tashis Hütte. Tashi lebte hier mit seinem Vater Pala, seiner Mutter Amala, seiner Großmutter Mola und seinen beiden Geschwistern Nima und Dawa.

Wie die meisten Lehmhütten in Tibet war auch diese recht klein. Sie bestand nur aus einem Raum, der gleichzeitig als Wohnzimmer, Schlafzimmer, Küche und Speisezimmer genutzt wurde. Fenster und Türen waren mit bestickten Stoffen verhängt, das schützte im Sommer vor den vielen Fliegen und im Winter vor der rauen Kälte. Wenn der Wind durch Türen und Fenster blies und die Stofftücher leicht hin und her bewegte, hatte es den Anschein, als wohnten die sesshaften Bauern in den bunten Festzelten der Nomaden.

Rund um den Raum zogen sich niedrige Holzbänke, die als Sitzgelegenheiten und als Betten dienten. Auf den Bänken lagen mit Stroh ausgestopfte Sitzkissen, die wiederum mit bunten Teppichen belegt waren. In der Mitte stand ein bemalter Tisch, der stets überladen war mit kleinen hölzernen Teeschalen, einer großen Schüssel mit Tsampa, dem bei uns in Tibet so beliebten Brei aus gerösteter Gerste, und einem Berg von frisch gebackenem Fladenbrot, das in Tibet Paleb genannt wird. Neben dem Tisch stand ein großes, immer bis zum Rand gefülltes Butterfass und daneben befand sich ein Bottich, in dem die alte Mola täglich Buttertee zubereitete.

In einer Ecke des Zimmers stand ein großer Altar mit einer hölzernen Buddhastatue, umrundet von sieben silbernen Schalen, in die Pala und Amala jeden Morgen geröstetes Gerstenmehl und frisches Wasser füllten. Dieses Opfer begleiteten sie mit leise gemurmelten Gebeten.

In einer anderen Ecke der Hütte stand ein eiserner Yakdungofen, der zum Kochen und Heizen genutzt wurde.

Und genau durch diesen Ofen kam an einem Morgen der Dorfdämon.

Er kam, als Mola gerade dabei war, Buttertee zu stampfen. Tashi saß neben ihr auf dem Fußboden und spielte mit kleinen runden Steinen, die Nima ihm am Tag zuvor vom Fluss mitgebracht hatte.

Tashi konnte ihn selbst nicht sehen, denn Dämonen zeigen sich nur wenigen Menschen. Während er nur eine dunkle Staubwolke wahrnahm, die aus dem Ofen quoll und alles, was sich in der Hütte befand, mit feiner grauer Asche bedeckte, merkte Tashi jedoch, dass seine Großmutter etwas sah. Sie starrte furchtsam in eine Ecke des Zimmers und ihre Stimme zitterte leicht, als sie zu sprechen begann: »Warum kommst du zu uns? Was willst du hier? Sieh nur, was du angerichtet hast! Alles ist grau!«

»Mit wem sprichst du?«, fragte Tashi erschrocken.

»Sei still, Tashi, es ist der Dämon. Und ich möchte wissen, warum er an diesem Morgen so stürmisch in unsere Hütte pfeift.«

Tashi wartete gespannt und betrachtete das Gesicht seiner Großmutter, das langsam zu einer von Angst erfüllten Maske erstarrte. Plötzlich zeigte sie auf Tashi und rief mit Tränen in den Augen: »Meinst du dieses Kind? Warum tust du ihm das an …?«

Tashi wurde bald darauf sehr krank. Er hatte hohes Fieber und versank für lange Zeit in einen tiefen, traumlosen Schlaf. Als er wieder zu Bewusstsein kam, wusste er nicht mehr, wo er war. Er öffnete die Augen, doch es blieb dunkel um ihn. Er rief nach seinen Eltern und Geschwistern, aber niemand antwortete ihm. War er allein?

Vorsichtig spreizte er die Finger und ertastete mit den Fingerspitzen ein weiches Fell, das behutsam über ihn gebreitet lag. Er schlug es zurück und setzte sich auf. Seine nackten Füße berührten einen kühlen rauen Lehmboden und seine Hände strichen über die Liegematte, einen samtweichen Teppich, noch warm von seiner Körperwärme.

Ganz still saß er da und lauschte in die Dunkelheit.

Langsam, aber immer deutlicher drangen Geräusche an sein Ohr, die er vorher nicht wahrgenommen hatte. Rauch stieg ihm in die Nase. Ein leises Knistern und Rascheln verriet, dass irgendwo in seiner Nähe ein kleines Feuer brannte. Gedämpfte Kinderstimmen drangen an sein Ohr.

Die Stimmen waren weit entfernt, zeigten ihm aber, dass er nicht allein war in dieser Welt. Was war das aber für eine Welt, die nur aus Geräuschen und Gerüchen bestand, die man nur fühlen, aber nicht sehen konnte?

Tashi beschloss, diese Welt zu erforschen. Er stand auf, drehte sich zur Seite und tastete sich mit der linken Hand an seinem Lager entlang. Nach ein paar behutsamen Schritten stieß er mit den Zehenspitzen gegen ein Hindernis, das sich warm und hart anfühlte. Er beugte sich hinunter, um den Gegenstand mit den Händen zu erkunden, und erkannte, dass es vom Feuer angewärmte Steine waren, die um einen eisernen Ofen herum lagen. Tashi richtete sich wieder auf und tastete sich mit den Füßen an den Steinen entlang, bis er erneut an einen Gegenstand stieß. Nach näherer Erkundung war ihm klar, dass es ein zweites Lager war, das auf der anderen Seite des Ofens rechtwinklig zu seinem eigenen stand. Er drehte sich nun um und versuchte, ohne dass seine Finger ein Möbelstück als Wegweiser berührten, den Raum zu durchqueren. Nach ein paar mutigen Schritten stolperte er. Während des Falls versuchte er sich festzuhalten – und seine Hand landete in warmer, weicher Butter.

Das war das Butterfass! Und dieses Butterfass, der Ofen, die beiden Betten und der Lehmboden, auf dem er lag, das alles befand sich in seinem eigenen Zuhause, da war sich Tashi sicher!

All das war ihm sehr vertraut. Und doch war alles so anders.

Warum aber war alles so anders?

Amdschi Paldän, der Arzt aus dem Nachbardorf, untersuchte Tashi und sagte dann traurig: »Tashi ist durch eine schwere Krankheit erblindet. Seine Welt ist nun die Welt der Dunkelheit. Tashi wird nie wie ein richtiges Kind spielen und zur Schule gehen oder wie ein guter Bauer seine Gerste säen und ernten können.«

Die Eltern baten den Arzt, ihnen doch eine Medizin für ihren Sohn zu geben, doch Paldän schüttelte nur traurig den Kopf. Es gab keine Medizin für Tashis Augen.

Nur die alte Mola wusste, warum der Arzt nichts für Tashi tun konnte. Für sie stand fest, dass es der Dorfdämon gewesen war, der in einer großen Wut an jenem Morgen in die Stube gestürmt war. Er war erbost gewesen, denn Pala hatte gerade Zweige des Wacholderstrauchs geschnitten, um sie zum Bau von Zäunen zu verwenden.

Das alles geschah zu Ende des Winters, kurz vor der tibetischen Jahreswende.

Tashis Geschichte geht weiter auf Seite 28

GÖTTER, KLÖSTER UND TEMPEL

Der tibetische Buddhismus wird wegen der überragenden Stellung der Lamas auch Lamaismus genannt. Lama ist der tibetische Ausdruck für das indische Guru. Beides bedeutet Lehrer.

Der Begründer des Buddhismus Siddharta Gautama lebte im sechsten Jahrhundert vor unserer Zeitrechnung. Geboren wurde er als Sohn eines reichen indischen Fürsten, doch im Alter von 29 Jahren erkannte er im Bewusstsein von Alter, Krankheit und Tod die Sinnlosigkeit seines bisherigen Lebens und verließ Heimat, Eltern, Frau und Sohn, um in der Fremde Erlösung zu suchen. Sieben Jahre übte er sich in harter körperlicher Askese; dann wandte er sich der inneren Meditation zu. Unter einem Feigenbaum erlangte er die Erleuchtung, nach der er so lange gesucht hatte. Nach 45 Jahren des Lehrens und Wanderns starb er im Alter von 80 Jahren. Er erhielt den Ehrentitel Buddha (»der Erleuchtete«).

Mönchszeremonie im Kloster Ganden

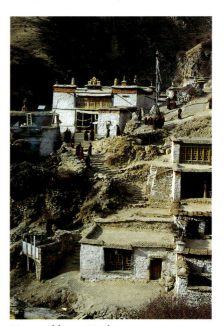
Nonnenkloster Terdrom

Im Buddhismus unterliegen alle Wesen dem Gesetz des Karma. Das bedeutet »Lohn«, »Handlung« und »Werk«. Die Lebensumstände, Glück und Unglück eines jeden Menschen hängen von seinem Karma ab. Wer gute Taten vollbringt, schafft sich damit gutes Karma und erntet in der Folge Glück und glückliche Lebensumstände. Mit schlechten Taten schafft man sich negatives Karma und wird Unglück und unglückliche Lebensumstände ernten. Das Karma bleibt über den Tod hinaus erhalten und lebt weiter in einem neugeborenen Wesen. Reines Karma wird zu einer besseren Wiedergeburt führen, unreines zu einer schlechteren.

Der tibetische Buddhismus ist stark von naturreligiösen Vorstellungen geprägt. Die Tibeter schützen sich mit Amuletten und Trank-, Speise- und Rauchopfern vor der Rache der Dämonen.

GÖTTER, KLÖSTER UND TEMPEL

Eine Gottheit im Tempel Gyantse Kumbum, behängt mit Katakhs

Eine wichtige Rolle spielen die Lamas. Nur wenige hohe Würdenträger dürfen diesen Titel tragen.

Die meisten Lamas werden als Tulku, das heißt als Wiedergeburt eines Lamas oder gar eines Buddhas, angesehen. Auch der Dalai Lama ist ein Tulku. Nach seinem Tod wird, wie bei anderen Tulkus auch, eine Gruppe aus Lamas, Laienbeamten und persönlichen Vertrauten des Verstorbenen gebildet, die das große Orakel befragt. Dann sucht sie in den Wellen des weissagenden Sees Lhamo Lhatso nach Visionen, nach aufleuchtenden Schriftzeichen und Bildern, welche die Region bestimmen, in der die neue Inkarnation zu finden ist. Ist ein Kind gefunden, das zu den Weissagungen passt, werden ihm eine Vielzahl von Gegenständen gezeigt, unter denen sich Besitztümer des verstorbenen Dalai Lama befinden. Greift das Kind spontan nach diesen und besteht es weitere Prüfungen, so wird es zum nächsten Dalai Lama bestimmt, nach Lhasa in den Potala gebracht und dort bis zum 18. Lebensjahr auf sein hohes Amt vorbereitet.

In vielen Familien wird auch heute noch ein Sohn für das Kloster bestimmt. Im Alter von 7 bis 8 Jahren treten solche Jungen ins Kloster ein. Von Beginn an nehmen sie teil an einer umfassenden geistigen und praktischen Ausbildung, die sie auf ihr Mönchsleben vorbereitet und in der Regel mit 18 Jahren beendet ist.
Dann werden die Novizen zu Vollmönchen geweiht. Sie verpflichten sich durch ein Gelübde zur Einhaltung von 253 Regeln.
Auch Frauen können ihr Leben im Kloster verbringen, aber voll ausgebildete Nonnen gibt es heute in Tibet nicht mehr. Da somit geeignete Lehrerinnen fehlen, können Nonnen in Tibet nicht mehr den gleichen geistlichen Stand wie Mönche erwerben. Ihr Gelübde besteht nur aus 36 Regeln.

In Tibet stößt man sehr häufig auf verschiedene Zeichen religiöser Tätigkeiten: Bunte Gebetsfahnen, auf

Alter Mann mit Gebetsmühle

GÖTTER, KLÖSTER UND TEMPEL

Gebetsfahne. Der Wind soll die Gebete in alle Himmelsrichtungen tragen.

denen Mantras geschrieben stehen, flattern im Wind. Mantras sind religiöse Formeln, die aus Silben oder Lauten ohne inhaltliche Bedeutung bestehen. Ein sehr bekanntes Mantra ist »Om mani padme hum«. Es ist nicht übersetzbar.

Viele Tibeter bewegen ständig eine Gebetsschnur mit 108 Perlen in der Hand. Perle für Perle sprechen sie ein Gebet oder ein Mantra. Andere drehen Gebetsmühlen. Auf einem meist kunstvoll bearbeiteter Griff sitzt eine kleine verzierte Metalltrommel mit Deckel. In der Trommel befindet sich ein aufgerollter Papierstreifen, auf dem Mantras und Gebete geschrieben stehen. An der Seite der Trommel ist eine Kette mit einer kleinen schweren Kugel befestigt. Die Trommel wird durch Handbewegungen um die Griffachse gedreht. Dabei werden Gebete und Mantras gesprochen. Die Papierstreifen drehen sich mit. Die Gebete sollen so nach allen Seiten ausgesendet werden.

Die Tempel sind meist düster, aber sehr farbenprächtig. Goldene, häufig prachtvoll bemalte oder bekleidete Statuen von Gottheiten, farbenfrohe Thangkas (Rollbilder) und Mandalas (geometrisch gestaltete, farbige Bilder zur Unterstützung der Meditation) werden beleuchtet von unzähligen flackernden Butterlämpchen.

GÖTTER, KLÖSTER UND TEMPEL

In den Tempeln beten viele Gläubiger. Pilger, die oft eine weite, beschwerliche Reise hinter sich haben, werfen sich immer wieder zu Boden und murmeln ihre Gebete. Andere entzünden Butterlämpchen und umrunden betend die Statuen. Überall riecht es nach brennendem Butterfett.

In der Nähe von Tempeln, aber auch abseits, in der freien Natur, finden sich Stupas, die in Tibet Chörten genannt werden. Sie enthalten meist Reliquien oder Ritualgegenstände, die dem Chörten selbst, aber auch seiner Umgebung Kraft spenden und den Ort heiligen sollen. Die Monumente werden als Symbol für den Geist des Buddha angesehen.

An besonderen Stellen von Straßen, Gebirgspfaden oder am höchsten Punkt eines Gebirgspasses finden sich häufig zu kleinen Hügeln aufgeschichtete Kieselsteine. Pilger und Reisende werfen im Vorübergehen einen Stein hinzu, um die Gottheiten und Dämonen für die Reise günstig zu stimmen. Manche der Steine sind mit Mantras beschriftet. Vielfach sind solche Steinhaufen zusätzlich durch Gebetsfahnen markiert und weithin sichtbar.

Thangka im Kloster Sera

Im Jokhang-Tempel in Lhasa, zur Zeit des Losarfestes

Wie Tashi den Sommer erlebte

Da sich der eisige Winter langsam, aber doch spürbar zurückzog, krochen die Menschen aus ihren dunklen und verrußten Lehmhütten und begannen emsig mit den Vorbereitungen zum Neujahrsfest. Alle mussten helfen, auch die Kinder. Sie mussten die bunten Sitzteppiche vom Winterstaub befreien, die Wohnhütten mit leuchtenden Farben bemalen und die Ziegen und Yaks aus den warmen Ställen auf die nahe gelegenen Weiden treiben.

Auch der Wacholderstrauch hatte in diesem Frühjahr besondere Fürsorge bekommen, und als Tashi wieder gesund wurde, durfte er ihn täglich begießen und an den Wurzeln die Erde erneuern. Er wollte den Dorfdämon besänftigen, ihm zeigen, dass sie trotz allem Freunde sein konnten.

Der Dämon wurde tatsächlich zu Tashis Freund und Beschützer. Er lehrte ihn, mit den Ohren, den Händen und der Nase zu sehen, und ließ ihn wissen, dass diese Welt, die Amdschi Paldän als Welt der Dunkelheit bezeichnet hatte, gar nicht so dunkel war. Denn langsam, aber stetig bildete sich hinter Tashis geschlossenen Augenlidern eine neue Welt. Eine Welt aus Geräuschen, Gerüchen und auch Farben, die in der Erinnerung an seine frühere Welt sogar noch kräftiger zu leuchten schienen.

In diesem Frühling saß Tashi oft am Rand des Dorfes auf einem abgestorbenen Baumstamm und hörte den Menschen bei der Arbeit zu. Dabei lernte er die verschiedenen Tiere des Dorfes, die morgens und abends an ihm vorbei zur Weide zogen, am Getrappel der Hufe, an ihren Gerüchen und an den hellen und dunklen Glockentönen zu erkennen.

Da waren die vielen Ziegen mit ihrem scharfen Geruch. Sie trugen kleine Glöckchen um den Hals, die im Rhythmus ihrer flinken Hufe bimmelten.

Da waren die Esel mit ihrem süßlich dumpfen Geruch, den sie verströmten, wenn sie, meist im Gleichschritt, an ihm vorbeitrabten. Tashi mochte die Esel, sie hatten so etwas Elegantes, wenn sie ihre Hufe sorgsam und doch flink auf den Weg setzten.

Und dann waren da die Yaks. Das waren riesige Gesellen! Sie hatten große, tief klingende Glocken umgebunden, ihre Schritte klangen dumpf auf dem sandigen Weg.

Tashi erinnerte sich, dass er die Yaks hatte klettern sehen; in den Bergen waren sie schnell wie die Ziegen, sprangen davon,

Ein junges Yak

wenn man sie einfangen wollte, konnten aber auch gefährlich werden, wenn sie sich bedroht fühlten oder um eine Kuh oder eines ihrer Kälber kämpften. Doch wenn sie morgens und abends langsam und bedächtig an Tashi vorbeitrampelten, kamen ihm die Yaks recht faul und eher gleichgültig vor.

Als die Sonne immer wärmer wurde und die mächtigen Frühjahrsstürme das Land überrollt hatten, war Tashi bereit, seinen Baumstamm am Rand des Dorfes zu verlassen. Er wollte nicht immer nur dasitzen und warten, bis die Welt zu ihm kam. Er wollte seine Umwelt selbst neu entdecken.

Bei seinen ersten Erkundungsgängen vertraute er auf sein Gespür und auf den Dämon, der, wie Tashi wusste, meist als stiller Beobachter bei ihm war, um ihn vor Hindernissen und anderen Gefahren zu bewahren. Der Dämon lehrte ihn auch, mit den Füßen die Wege des Dorfes zu erkennen. Tashi wusste bald, dass der Weg vor dem Ziegenstall erdig und weich war und während der Regenzeit im Sommer viele Pfützen hatte; in der Nähe des Hauses von Bauer Namka gab es eine Menge kleiner Kieselsteine, die laut raschelten, wenn man durch sie hindurchschlurfte; und vor der Schule machte der Weg einige Krümmungen und führte dann über kleinere Hügel auf und ab.

Der Frühsommer war noch nicht ganz vorbei, da kannte Tashi alle Gerüche und Klänge, alle Steine und Erdhügel seiner neuen Welt.

Auch das Flussufer hatte Tashi bald erkundet. Auf allen vieren kletterte er mit den Händen voraus über die glitschigen Felsen, die am Ufer des Flusses lagen, immer darauf bedacht, an den nächsten Trittsteinen zu rütteln, bevor er sich ihnen anvertraute. Viel zu leicht hätten sie sich von der Uferböschung lösen, in den Fluss rollen und ihn mitreißen können. Tashi konnte nämlich wie die meisten tibetischen Kinder nicht schwimmen und er fürchtete das Wasser, auch wenn es im Winter und Frühjahr so leicht und sanft dahinplätscherte.

Im Spätsommer, während der Regenzeit, schwellen die kleinen Bäche zu großen und gefährlichen Flüssen an. Sie donnern von den Bergen herunter, reißen Felsbrocken in die Tiefe und verwüsten Brücken, Wege und Lehmhütten.

Tashis Geschichte geht weiter auf Seite 32

Der Kyichu im Winter. Er fließt durch Lhasa und später in den Yarlung Tsangpo (Brahmaputra)

In dieser Zeit bleiben die Menschen zu Hause. Sie reparieren die wasserdurchlässigen Dächer ihrer Hütten und versuchen, so gut es geht, ihre Dörfer vor gefährlichen Erdrutschen zu schützen.
Die Kinder von Namri saßen jetzt oft zusammen in einer Hütte um ein kleines Feuer herum, lauschten dem trommelnden Regen und ließen sich Geschichten erzählen. Auch Tashi war unter ihnen und die Kinder baten meist ihn, mit dem Erzählen zu beginnen. Und Tashi erzählte.
Er erzählte von Mönchen, die sich in finsteren mondlosen Nächten in wilde Yaks verwandeln, von heiligen Priestern, die in Dürrezeiten aus sandiger Erde die herrlichsten Momos und den schmackhaftesten Tsampa zaubern, von Drachen, die mit großen Schwingen aus dem Himalaya in tiefe Täler stürzen und das Vieh der armen Bauern stehlen; und von Dämonen, die armselige Lehmhütten in prachtvolle Paläste verwandeln – Paläste, erbaut aus Türkisen, Korallen und Bernstein, mit Dächern aus purem Gold und Fenstern aus klarstem Bergkristall.
Die Kinder liebten Tashis Geschichten. Wenn sie die Augen schlossen, waren sie in seiner Welt gefangen. Sie rochen den rußigen Atem des Drachen, hörten das wilde Gebrüll der Yaks, das von den silbrig grauen Felsen widerhallte, schmeckten die köstlichen Gerichte auf ihren Zungen und konnten sich an der Pracht und an den Farben, die Tashi ihnen in ihre Phantasie malte, nicht satt sehen.

Als der Regen wieder nachließ, gingen die Leute von Namri auf die Felder, um die Ernte einzubringen.

Das war eine schöne Zeit. Denn alles roch nach reifem Korn und die Sommersonne brannte auf die noch feuchte Erde, die leicht dampfte und einen Geruch nach Kräutern und frischem Gras verströmte.
Nima und Dawa wurden in die Berge geschickt, um die Ziegen zu hüten. Sie nahmen Tashi gerne mit, denn wenn sie während der langen faulen Sommertage genug gespielt und gesungen hatten, erzählte ihnen Tashi seine Geschichten. Dann gab es Leckereien aus dem Weidenkorb, den Mola ihnen mitgegeben hatte, und schließlich lagen sie, den Bauch voll gutem Buttertee, im Schatten eines alten Weidenbaumes.
Oft vertrieben sie sich die Zeit mit einem

Spiel. Sie schlossen die Augen und versuchten die vielen Ziegen an ihren Glockentönen zu erkennen. Das war nicht einfach, denn die jungen und alten Ziegen mit ihren dunklen und hellen Glocken liefen oft durcheinander und sorgten für große Verwirrung. Bei diesem Spiel war Tashi aber immer der Sieger. Er hatte ja den ganzen Frühling am Rande des Dorfes gesesssen und den unterschiedlichen Klängen gelauscht.

Tashis Geschichte geht weiter auf Seite 36

ALLTAG IN TIBET

Tibetische Familien sind normalerweise Großfamilien. Unter einem Dach wohnen drei Generationen, alle anfallenden Arbeiten sind aufgeteilt, jeder hat seinen Aufgabenbereich.

In den größeren Städten mischt sich die tibetische Lebensweise mit westlichen und chinesischen Sitten, aber in den Dörfern und kleineren Städten lebt man nicht viel anders als seit Hunderten von Jahren.

Die Häuser sind meist nur ein Stockwerk hoch, aus luftgetrockneten Ziegeln erbaut, lehmverputzt und weiß getüncht. Auf den flachen Dächern lagert als Brennmaterial getrockneter Yakdung und Reisig, was die Häuser gleichzeitig isoliert. Das Innere des Hauses besteht aus einem oder zwei Räumen, die als Koch-, Wohn- und Schlafräume dienen.

Die Erziehung der Kinder ist stark auf höfliches und ehrerbietiges Verhalten ausgerichtet: gebeugte Haltung bei der Begrüßung, beidseitiger Händedruck, das Überreichen von Katakhs,

Herstellung von Khabse

den weißen Glücksschleifen, bei allen festlichen und feierlichen Gelegenheiten. Eine in Tibet ausgeprägte Form der Begrüßung ist das Herausstrecken der Zunge. Dieser Brauch entspringt dem Glauben an Dämonen. Einfache Tibeter glauben, dass böse Geister Menschenform annehmen können. Sie sind dann von Menschen nur durch ihre schwarze Zunge zu unterscheiden. Das Herausstrecken der Zunge soll dem Fremden die Gewissheit geben, dass sein Gegenüber kein Dämon ist. Der Gast bekommt stets Tee, Gebäck und eventuell auch Chang gereicht.

Die Hauptnahrung der Tibeter besteht aus Tsampa und Buttertee. Für Tsampa wird Gerste geröstet, ge-

ALLTAG IN TIBET

Die Gerste für die Tsampa wird gesiebt

mahlen und mit Buttertee, Milch oder Joghurt vermischt. Der Teig wird dann zu kleinen Kugeln geformt und so gegessen.

Der Buttertee, das wichtigste und zu allen Tageszeiten in großen Mengen genossene Nahrungsmittel, ist weniger ein Tee, nach europäischen Vorstellungen, sondern eher eine Brühe oder Suppe. Für den Buttertee wird zunächst Tee mit heißem Wasser 20

Chinesische Gemüsehändler in Lhasa

Minuten lang gekocht; dann wird die Flüssigkeit mit reichlich Yakbutter vermischt, in einem großen Bottich mit einem Holzstampfer bearbeitet, bis alles schön schaumig ist, und dann mit reichlich Salz gewürzt.

Spezialitäten sind Momos, kleine Teigtaschen, mit Hackfleisch und Zwiebeln gefüllt, gebraten und gedämpft oder in Suppe gekocht. Gotugpa ist eine spezielle Nudelsuppe, die am 29. Tag des letzten Monats des Jahres gegessen wird, und zum Neujahrsfest werden Khabse gebacken. Chang ist der Name für ein leicht alkoholisches Gerstenbier.

Tsampabereitung

Wie Tashi Ziegenhirte wurde

Im Herbst begann die Schule. Alle Kinder freuten sich sehr, denn sie bekamen neue Schreibtafeln und neue feine Pinsel, mit denen sie behutsam die schwierigen Schriftzeichen zauberten.

Oft saß Tashi auf einem Stein vor dem Schulhaus und lauschte den Kindern, wie sie im Chor das tibetische Alphabet sangen.

»Ka K`ha Ga Nga! Tscha Tsch`ha Dscha Nja!«

Er konnte bald alle dreißig Silben auswendig und sang sie oft, manchmal mit Tränen in den Augen, denn zu gerne hätte er mit den anderen Kindern auf den kleinen Strohmatratzen gesessen, hätte einen Pinsel über die Tafel geführt und mit ihnen zusammen Silben gesungen und alte tibetische Texte aufgesagt.

Eines Morgens kam der Dorfoberste vorbei. Er sah Tashis Trauer und setzte sich zu ihm auf den Stein.

Tashi mochte den Dorfobersten. Er war noch sehr jung und trotzdem so weise. Er war immer für alle da und half nach Kräften in Zeiten der Not. Auch jetzt war er da, hielt Tashis Hand und sagte mit ruhiger Stimme: »Tashi, mein Junge, was sitzt du hier und bist traurig? Wir brauchen deine Hilfe!«

Tashis Gesicht hellte sich auf. »Meine Hilfe?«, fragte er erwartungsvoll. »Was könnte ich denn helfen?«

Der Dorfoberste lachte aufmunternd: »Aber Tashi! Da müsstest du eigentlich schon selbst draufgekommen sein. Niemand hütet die Ziegen in den Bergen, wenn die Kinder alle in der Schule sind. Du aber kennst jede einzelne Ziege, erkennst sie an den Glockentönen. Das kann keiner von uns. Willst du nicht unser Ziegenhirt werden?«

So wurde Tashi der Ziegenhirt von Namri und mit Stolz und großer Verantwortung führte er seine Arbeit aus.

Einen Tsampabeutel in der Linken und einen langen Weidenstock in der Rechten, trieb er frühmorgens, wenn die Sonne gerade über die Felsen stieg, die Ziegen auf die nahe gelegenen Bergwiesen. Er kannte den Weg, er war ihn ja so oft mit Nima und Dawa gegangen. Auf der einen Seite wurde der Pfad durch den wild rauschenden Fluss begrenzt und auf der anderen durch kleine Sträucher und Bäume, die leise im Wind raschelten, und durch nackte Felsen, die seltsam hallten, wenn man in ihrer Nähe in die Hände klatschte. Auch die Ziegen wussten, wie sie zur Weide gelangten, sie liefen voraus und wiesen den Weg mit ihren Glocken und den trappelnden Hufen.

Auf der Weide angekommen, suchte sich Tashi einen kühlen Stein am Rand eines schmalen Bachs. Dann lauschte er den Ziegen, die emsig um ihn herumsprangen, dem Gurgeln und Plätschern des Baches und dem Murmeln der kleinen runden Steine, die vom Wasser bewegt leise aneinander klickerten.

Tag für Tag saß er da, und aus dem Klang der Steine, des Wassers, der Glocken und des Windes und aus den Düften der wilden Kräuter und Blumen, die auf der Weide wuchsen, entstanden in seinen Gedanken neue Geschichten und Lieder.

Als der Winter kam und die Kälte das Land zu Eis erstarren ließ, saßen die Kinder des Dorfes dicht um ein knisterndes Feuer gedrängt, sangen Tashis Lieder und lauschten gebannt den Geschichten, die er von den Weiden in den Bergen mitgebracht hatte.

Der Winter in Tibet ist hart und lang. Der kalte Eiswind pfeift durch die Ritzen der Hütten und macht selbst vor den dicken Fellmänteln nicht Halt.

Um Schutz vor der Kälte zu finden, streichen die Menschen sich Butter auf Gesicht und Hände. Da Wasser im Nu auf der nackten Haut gefriert, ist das Waschen im Winter verboten. Dafür gibt es im Herbst ein lustiges Badefest, ein Tag, an dem alle Menschen

Tashis Geschichte geht weiter auf Seite 40

Der Salzsee Namtso im Winter

zum Fluss strömen, um mit viel Lärm und Geplantsche im seichten Wasser Haare und Körper zu waschen.

Das Waschverbot wird erst wieder aufgehoben, wenn die ersten heulenden Frühlingsstürme das Land überrollen. Mit diesen Stürmen kommt auch der helle Staub, der alles durchdringt. Er setzt sich in die Kleider, dringt in Nase, Ohren und Augen und knirscht zwischen den Zähnen.

Das Leben im Dorf findet erst dann wieder seinen normalen Gang, wenn die letzten dunklen Staubwolken über die Berge gezo-

gen sind und der strahlend blaue Himmel sich wie ein Zelt über das Land und seine Bewohner wölbt.

Und während dann die Felder bestellt, frischer Yakdung mit Stroh vermischt und in großen Fladen zum Trocknen an die Hüttenwand geworfen wird und die Kinder Morgen für Morgen in die Schule gehen, werden die Ziegen erneut in die Berge getrieben, um sie dort auf den noch kargen Weiden von Sonnenaufgang bis Sonnenuntergang grasen zu lassen.

Wie Tashi von einer Schule hörte

An einem dieser Frühlingstage saß Tashi auf seinem Stein nahe dem Bach und knetete Tsampa zu kleinen Figuren. Plötzlich hörte er weit in der Ferne Getrappel, das rasch näher kam. Bald hörte er das heftige Schnaufen mehrerer Pferde ganz in seiner Nähe und unbekannte Stimmen riefen: »Hohla, hohla, gutes Pferd!« Es waren Frauenstimmen, die fremd und sonderbar klangen. An dem Schnaufen der Pferde erkannte Tashi, dass es sich um zwei Pferde und damit wohl auch um zwei Reiterinnen handeln musste.

Die Frauen unterhielten sich eine Weile, doch Tashi konnte ihre Worte nicht verstehen. Dann knarzten die Sättel und die Frauen sprangen auf den Boden.

Ganz still saß Tashi auf seinem Stein und wartete gespannt auf das, was da kommen mochte.

Schließlich kam eine der Fremden langsam auf Tashi zu. Sie kniete sich nieder, ergriff seine Hand und begann zu fragen: »Bist du Tashi, der Geschichtenerzähler? Der Ziegenhirte? Der, der im Dunkeln sieht?«

Tashi war verblüfft. »Woher weißt du denn das alles?«

Die Frau lachte und setzte sich neben ihn auf den Stein. »Viele Bauern auf unserem Weg haben uns von dir erzählt. Sie haben gesagt, dass wir dich hier finden werden. Wir suchen nämlich Kinder wie dich.«

Tashi grinste. »Wenn ihr Ziegenhirten sucht, dann gibt es hier eine ganze Hand voll.«

Die Frau lachte. »Ziegenhirten suchen wir nicht gerade.«

»Dann vielleicht Geschichtenerzähler?« Das war Tashis Lieblingsbeschäftigung und er freute sich immer, wenn jemand sich die Zeit nahm, ihm zuzuhören.

»Nein«, sagte die Frau bestimmt. »Wir suchen Kinder, die nichts sehen.«

Tashi war erstaunt. »Was wollt ihr denn mit Kindern, die nichts sehen?«

Die Frau schwieg eine Weile. Dann sagte sie: »Wir fragen die Kinder, ob sie gerne in eine Schule gehen wollen.«

»Das ist aber eine dumme Frage«, meinte Tashi streng. »Weißt du denn nicht, was Amdschi Paldän sagte? Kinder, die nicht sehen, können nicht in die Schule gehen! Wie soll denn das auch möglich sein? Sie können doch nicht lesen und schreiben.«

Wieder schwieg die Frau und Tashi hörte, wie sie in einem kleinen Lederbeutel kramte. Dann zog sie einen Papierbogen heraus und legte ihn Tashi auf die Hand.

Vorsichtig strich Tashi mit den Fingern der anderen Hand darüber. Das Papier fühlte sich dick und glatt an. So etwas hatte er noch nie in den Händen gehalten. Er kannte nur die rauen dünnen Papierrollen, auf denen Gebete aufgedruckt waren. Sie knisterten leise, wenn man sie berührte, aber dieses Papier hier machte kaum einen Laut, wenn man es bog, so dick war es.

Auf der einen Seite fühlte er kleine Löcher, die jemand wohl mit einer Nadel hineingedrückt hatte. Als er das Blatt herumdrehte, ertastete er kleine spitze Punkte, die über den gesamten Bogen verteilt waren.

»Was ist das?«, fragte er neugierig.

»Das ist die Schrift der Blinden«, antwortete die Fremde. Dann nahm sie Tashis Hand und führte seinen Zeigefinger über die Punkte. »Fühlst du die beiden Punkte, die da übereinander stehen? Das ist ein Ka. Und die beiden, die nebeneinander stehen, das ist ein K`ha, dies ein Ga und dies ein Nga.«

»Das kenne ich doch!«, rief Tashi begeistert. Er sprang auf und begann wie die Kinder in der Schule zu singen. »Ka K`ha Ga Nga! Tscha Tsch`ha Dscha Nja!«, rief er ausgelassen und wirbelte das Papier in der Luft herum. »Ta T`ha Da Na! Pa P`ha Ba Ma!« Tashi fing an wie ein Wilder zu tanzen, sodass die Ziegen auseinander stoben und mit leisem Meckern hinter den Felsvorsprüngen verschwanden. »Tsa Ts`ha Dsa Ua!«, zischte Tashi und kugelte sich vor Freude. »Scha Sa A`ha Ja Ra La Sch`ha S`ha!« Er sprang in die Höhe und sauste in voller Fahrt auf den wie immer ruhig dahingurgelnden und plätschernden Bach zu. Er wollte gerade ansetzen, um auch die letzten beiden Silben Ha und A in die Welt hinauszubrüllen, da war es passiert. Mit einem lauten Platsch landete er im kalten Wasser und das Ha und A klangen nur noch wie ein matter Seufzer.

Während sich Tashi noch von seinem Schreck erholte, standen

die Frauen am Ufer und lachten laut. Das Wasser war nicht sehr tief und sie halfen ihm, schnell ans Ufer zu klettern. Dort schüttelte sich Tashi wie ein nasser Hund.

»Jetzt müssen wir aber weiter«, sagten die fremden Frauen, während sie auf ihre Pferde stiegen. »Es gibt noch andere blinde Kinder, denen wir von der Schrift der Blinden erzählen möchten. Und wenn wir viele blinde Kinder finden, die diese Schrift erlernen wollen, dann wird es eine Schule für Blinde geben und auch du wirst in diese Schule gehen und wir werden uns dort wieder begegnen.« Mit einem lauten »Tschu a tschu!« trieben sie ihre Pferde an, trabten davon und ließen einen verdutzten und tropfnassen Tashi auf der Weide zurück.

Plötzlich kam Tashi zur Besinnung. Noch hörte er die klappernden Hufe auf dem sandigen Boden. Bald aber würden sie fort sein. Und was dann?

So schnell ihn seine Füße tragen konnten, lief er hinter dem Hufgetrappel her und rief: »Wo? Wo wird denn diese Schule sein?«

»In Lhasa! Komm nach Lhaaaasaaaa!«, hörte Tashi die Frauen rufen. Dann waren sie in der Ferne verschwunden und er war wieder mit seinen Ziegen allein.

Hier hielt Tashi in seiner Erzählung inne. Dann drehte er sich zu mir um und fragte lauernd: »Sag mal, bist du eine der Frauen, die mich damals auf der Weide aufgesucht haben?«

Ich begann laut zu lachen. »Was denkst du denn?«

Tashi überlegte eine Weile und dann sagte er bestimmt: »Nein. Du warst nicht dabei, du redest nämlich wie wir alle. Diese Frauen aber hatten eine sonderbare Art zu reden, ich musste sehr gut zuhören, um sie zu verstehen. Manchmal bin ich mir gar nicht sicher, ob das alles nicht nur ein Traum war – dann denke ich aber wieder, dass ich die Blindenschrift ja in Wirklichkeit gelernt habe ...«

»Und«, warf ich listig ein, »wenn du alles nur geträumt hättest – wie hast du dann nach Lhasa gefunden?« Ich war doch wirklich zu neugierig, wie diese Geschichte endete, und wollte Tashi zum Weitererzählen ermuntern.

Tashi überlegte ein wenig und wir ritten eine Weile schweigend nebeneinander her. Dann aber lehnte er sich zurück, schloss die Augen und fuhr fort mit seiner Geschichte, die ich hier niedergeschrieben habe.

Tashis Geschichte geht weiter auf Seite 46

Nomaden im Himalaya, unterwegs mit Yaks zu dem 5 300 m hohen Pass Lamma-La

Wie Tashi die Nomaden traf

Der Sommer kam und Tashi erinnerte sich nur noch selten an die fremden Frauen und an die seltsamen Punkte auf dem Papier, die sie die Schrift der Blinden genannt hatten.

Tashi war ein fröhlicher Junge, dem das Leben Spaß machte. Er hatte sich damit abgefunden, dass Lesen und Schreiben nichts für blinde Kinder war, und die Schrift mit den vielen kleinen Punkten, die er im Frühling in den Händen gehalten hatte, hielt er jetzt für einen schönen Traum, der niemals wahr werden konnte.

So vergingen zwei Jahre, dann aber geschah etwas, das Tashis Leben veränderte.

Es war wieder Herbst. Die Ernte war eingefahren und die Sonne schien warm auf die grünen Bergweiden. Eine große Karawane mit Yaks, Eseln und Pferden zog durchs Tal, und die Nomaden baten den Dorfobersten, für eine Nacht ihre Zelte in der Nähe des Dorfes aufschlagen zu dürfen.

»Wohin geht es denn?«, fragte der Dorfoberste.

»Nach Lhasa, um Felle und Fleisch zu verkaufen!«

»Lhasa ...«, murmelte Tashi, der in der Nähe stand, »Lhasa ...« Wer hatte ihm von Lhasa erzählt? Plötzlich durchfuhr es ihn heiß. Sollte dort nicht die Schule entstehen, von der die fremden Frauen gesprochen hatten? Er sammelte seinen ganzen Mut und lief zu seinen Eltern, um ihnen endlich alles von dieser Begegnung mit den sonderbaren Fremden und von der Schrift der Blinden zu erzählen.

Wie erwartet glaubten sie ihm nicht, sondern dachten, es wäre eine seiner vielen Geschichten. Sie streichelten ihm traurig die Wange und sagten: »Lhasa ist weit und der Weg dorthin ist sehr gefährlich. Eine Schule für blinde Kinder? Nein, die gibt es da nicht. In Lhasa gibt es nur Feuer speiende Eisenyaks und kleine Pferde aus Draht, die leise klappern und wie Ziegen klingeln.«

Tashi war verzweifelt. Er konnte sich nicht irren. Das war kein Traum gewesen, dessen war er sich jetzt sicher. Die beiden Frauen, die Schrift, die schnaufenden Pferde und das kalte und unfreiwillige Bad – das war doch Wirklichkeit!

Tashi hatte das Gefühl, noch in dieser Nacht handeln zu müssen. Da war eine Karawane, die nach Lhasa reiste, und er wollte sie begleiten, um die Schule für blinde Kinder zu

finden. Doch wer konnte ihm helfen? Wer glaubte ihm diese Geschichte?
Nachdenklich strich Tashi umher und blieb dann lange vor dem Ziegenstall stehen. Sollte er es wagen, den Dämon um Hilfe zu bitten?
Leise schlich er um den Stall herum und tastete nach den Zweigen des Wacholderstrauches. Er wollte gerade ansetzen und seine Bitte vortragen, da stockte er. Wie redete man mit einem Dämon? Was geschah, wenn man ihn durch eine falsche Anrede erzürnte? Tashi seufzte leise. Dämonen waren wirklich schwierige Geschöpfe.
Da hörte er plötzlich seinen Namen. »Tashi! Tashi! Wo steckst du denn?« Es war sein Vater, der ihn rief. »Tashi, wir wollen zu den Nomaden gehen, ihnen Buttertee bringen und einen lustigen Abend haben!«
Nachdenklich lief Tashi zu seinem Vater und hakte sich bei ihm ein. Gemeinsam trugen sie dann einen großen Bottich mit herrlich dampfendem Buttertee zum Rastplatz der Nomaden.

Die Nomaden waren zwar etwas raue, aber sehr gutmütige Gesellen. Sie hatten ein großes Feuer entfacht und drehten über den knisternden Flammen ein Schaf am Spieß.
»Nein, nein«, sagten sie auf Tashis Frage, »das Schaf haben wir nicht geschlachtet.« Sie waren doch fromme Buddhisten und durften keine Tiere töten.
»Wie kam es aber dann auf den Spieß?«, wollte Tashi wissen.

Pola, ein alter Mann mit rauer tiefer Stimme, der nach Ruß und Leder roch, nahm Tashis Hand und lachte verschmitzt. »Na, das möchtest du wohl wissen, du kleiner Naseweis. Komm her, mein Junge, ich werd es dir verraten.« Er senkte die Stimme und flüsterte geheimnisvoll: »Geschlachtet haben wir es nicht. Es stürzte nur einfach die Klippe herab. Hopplahopp, machte es, hat bestimmt nicht leiden müssen, denn ich stand unten und es fiel mir fast in die Arme!«
Dann fing der Alte laut zu lachen an. »Komm, mein Junge! Nun lass uns den Braten genießen! Wir feiern heute ein Fest!«

Als die Sterne über den Zelten standen, hatte jeder ein großes Stück Fleisch in der Faust; sie tranken heißen Buttertee und bald auch süßen, kühlen Chang, der aus großen metallenen Fässern wieder und wieder in die geleerten Krüge gegossen wurde. Es wurde erzählt, gesungen und ausgelassen getanzt. Auch Tashi tanzte. Wild wirbelte er umher, an der einen Hand ein kleines bezopftes Nomadenmädchen, an der anderen den alten Mann, der Tashi an diesem Abend in sein Herz geschlossen hatte.
Zum Tanz wurde laut gesungen und die Nomaden trommelten den Takt mit den Stiefeln dazu.
»Warst du schon mal in Lhasa?«, fragte Tashi den Alten, als sie sich vom Tanzen erschöpft ins Gras fallen ließen.

»O ja! Ich reise jeden Herbst nach Lhasa und bleibe den ganzen Winter dort. Dann verkaufe ich Felle auf dem Barkhor und falsche Türkise an die Gelbköpfe.« Pola lachte laut.

»Wer sind denn die Gelbköpfe?«, fragte Tashi.

»Oh, das sind Menschen, die aus einem Land jenseits der Berge kommen. Man nennt sie auch Langnasen. Sie haben gelbes Haar, lange Nasen und wasserblaue Augen. Das sieht recht komisch aus, kann ich dir sagen! Aber ich habe sie sehr gern, denn sie lieben Türkise, auch die falschen!«

Tashi rutschte nervös im feuchten Gras herum. Sollte er fragen? Er riss seinen Mut zusammen und sagte zögernd: »Hast du dort auch schon mal Blinde gesehen? Ich meine Kinder, die nichts sehen, solche wie mich?«

»O ja!«, rief Pola aus und Tashis Herz machte einen Sprung. »Viele von deiner Sorte hab ich in Lhasa gesehen. Jungen und Mädchen. Sie laufen mit langen weißen Stöcken um den Barkhor und freuen sich des Lebens. Irgendwo muss es ein Nest geben, so viele sind es! Vielleicht ist da aber auch eine Schule für blinde Kinder, ich habe mal so etwas gehört.«

Tashi sprang auf. »Pala, Amala! Da hört ihr, was Pola sagt! In Lhasa gibt es vielleicht eine Schule für Blinde!«

Tashis Geschichte geht weiter auf Seite 52

NOMADEN IM HIMALAYA

Große Nomadenverbände ziehen auch heute noch durch Tibet. Ihr Lebensraum ist die riesige nördliche Ebene, das Jangthang, etwa 5 000 Meter über Meereshöhe gelegen und im Winter beinahe arktisch kalt. Das Gebiet ist so einsam, dass statistisch nicht einmal ein Mensch auf 10 Quadratkilometern lebt.

Um das Vieh besser bewachen und die Arbeiten besser einteilen zu können, schließen sich immer mehrere Familien zu größeren Gruppen zusammen. Sie ernähren sich von Viehhaltung und Handel und ziehen mit ihren Herden von Weidefläche zu Weidefläche. Ihre Zelte aus Yakhaar sind leicht genug, um auf dem Rücken der Tiere transportiert zu werden.

Das Leben der Nomaden ist hart. Durch das unwirtliche Klima und die kargen Weiden sind sie gezwungen, weite Wanderungen zu unterneh-

Nomade beim Teekochen im Zelt

men und außerdem mit ihren geringen Mitteln Dinge herzustellen, die sich eignen, gegen lebenswichtige Lebensmittel eingetauscht zu werden.

Während die Nomadenfrauen die Yakkühe und Schafe melken, Butter und Käse zubereiten, Gerste zu Tsampa (siehe Seite 34) mahlen oder Wasser holen, müssen noch die Kinder beaufsichtigt und versorgt werden, Yakdung als Brennmaterial gesammelt und aus dem Bauchhaar der Yaks Wolle gewebt werden.

Die Männer bauen die Zelte auf, beladen die Yaks, gehen auf die Jagd, schlachten Yaks und Schafe, nähen und verarbeiten Leder zu Gürteln, Sätteln und ähnlichen Dingen, die sie dann im Winter auf den Märkten gegen Reis, Zucker, Getreide, Tee

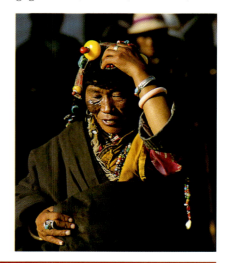

NOMADEN IM HIMALAYA

und getrocknete Früchte eintauschen.
Die Zelte der Nomaden werden aus Stoffbahnen aus Yakhaar genäht und über Zeltstangen gelegt. In der Mitte bleibt eine Rauchabzugsöffnung frei, denn in jedem Zelt gibt es einen Lehmofen. Die Wohnbereiche der Frauen und Männer sind getrennt, die Vorräte stehen im Zelt und natürlich gibt es auch einen Altar.

Ein Festzelt aus Baumwolle

Wie Tashi nach Lhasa reiste

Am nächsten Morgen war das Dorf in großem Aufruhr. Tashi sollte mit den Nomaden nach Lhasa reisen, um dort die Schule für Blinde zu suchen!

Da der Chang in dieser Nacht in großen Strömen geflossen war und das Vertrauen in die Nomaden gestärkt hatte, hatten der Dorfoberste und Tashis Eltern eingewilligt, den Jungen mit ihnen ziehen zu lassen.

Pola musste dem Dorfobersten versprechen, gut auf Tashi zu achten. Er wollte mit ihm zusammen die Schule suchen, und sollte es sie nicht geben, würde er den Jungen im nächsten Frühjahr in sein Dorf zurückbringen.

Viele Menschen des Dorfes hatten Tränen in den Augen, als sie Tashi zum Abschied mit Katakhs, den weißen Glücksschals, behängten. Jeder Dorfbewohner gab ihm ein kleines Geschenk mit auf die Reise, ein Stück Käse, getrocknetes Fleisch, eine kleine hölzerne Gebetsmühle, viel Tsampa und ein paar alte Münzen in einem Lederbeutel.

»Die kannst du dir ans Ohr hängen«, lachte Pola, »die sind heute in Lhasa nichts mehr wert.«

Als die Zelte sicher auf den breiten Rücken der Yaks verstaut waren, setzte sich die Karawane langsam und behäbig in Bewegung. Tashi thronte auf einem bepackten Pferdchen, hielt sich mit der einen Hand an der Mähne fest und mit der anderen winkte er, solange er die Rufe der Menschen des Dorfes vernahm.

Es war eine lange und beschwerliche Reise. Viele Tage waren sie unterwegs, denn eine Karawane ist sehr langsam. Immer wieder kommt es vor, dass einzelne Tiere, die nicht geführt oder beobachtet werden, zurückbleiben. Kinder und große Hunde werden dann ausgeschickt, die Tiere wieder einzufangen und zu den anderen zu treiben.

Bereits am frühen Nachmittag wird ein Rastplatz gesucht, um die schwarzen Yakhaarzelte aufzubauen. Auch das ist beschwerlich und langwierig. Doch es macht Spaß und alle helfen dabei.

Tashi lernte viel von Pola, der immer an seiner Seite war. Er erzählte ihm aus der Geschichte Tibets und auch von den großen Wundern, die es heute gab, von eisernen Drachen, die durch die Lüfte fliegen und in deren Innerem Menschen sitzen; von großen, lauten Ungetümen, die furchtbar stinken und qualmen und in Windeseile an einem vorbeirauschen; von Pferdchen aus Draht und vielem mehr.

Und dann kam der Tag, an dem die Männer an der Spitze der Karawane einen Bergrücken erklommen hatten und aufgeregt zu rufen begannen: »Der Potala! Der Potala!«

»Wir haben es geschafft!«, rief Pola erfreut. »Wenn der Potala über die Bergspitzen guckt, dann ist Lhasa nicht mehr weit.«

Auf einer großen Wiese richteten sich die Nomaden häuslich ein. Sie befreiten die Yaks und Esel von ihren schweren Lasten und schlugen ihre Zelte auf.

Aus Freude über die Ankunft feierten sie ein Fest. Sie feierten gerne und beinahe jeder Anlass genügte, die langen Mäntel und schwarz glänzenden, mit bunten Bändern und kleinen Türkisen geschmückten Zöpfe im Tanz herumzuwirbeln und den Chang in großen Strömen fließen zu lassen.

Nur Tashi wollte nicht feiern. Ungeduldig saß er zwischen den Tanzenden und wollte lieber heute als morgen nach Lhasa ziehen, um die Schule zu suchen. Doch als er am Abend dann so dasaß, die knisternden Flammen des Lagerfeuers und das Grölen der betrunkenen Nomaden in den Ohren, da fühlte er, wie sein Herz schwer wurde.

Tashis Geschichte geht weiter auf Seite 58

Der Potala, Winterpalast des Dalai Lama, in Lhasa

GESICHTER TIBETS

GESICHTER TIBETS

Er musste an sein stilles Zuhause denken, an seine Eltern, an Mola, an Nima und Dawa, an die Kinder des Dorfes, an die vielen Tiere und auch an den Dämon.

Wo er jetzt wohl war? Waren Dämonen reiselustig? War er vielleicht sogar mit nach Lhasa gekommen? O nein, Dämonen waren sicherlich sesshafte Geschöpfe. Er saß jetzt wohl in seinem Wacholderstrauch, ließ sich von einer kühlen Brise leicht hin- und herschaukeln und lauschte dem Wind, der die trockenen Zweige seines Heimes leise aneinander klappern ließ.

Tashi fühlte sich sehr einsam. Was machte er hier, so allein und ohne seinen stillen Begleiter, den Dämon, der ihn immer vor allen Gefahren bewahrte? War er es gewesen, der alles so eingerichtet hatte, dass Tashi nach Lhasa reisen konnte, um eine Schule für sich zu finden? Was sollte er nur tun?

Große Tränen rollten über Tashis Wangen. Und während er sich leise in den Schlaf weinte, leuchtete der Mond über den Yakhaarzelten, über dem Potala und Lhasa und über dem Fluss, der sich wie ein silbernes Band durch die dunklen Täler schlängelte. Es war derselbe Mond, der den Wacholderstrauch in Tashis Heimatdorf, die Wiesen, die mächtigen Berge und Felsen und ganz Tibet in sein silbergraues Licht tauchte.

Als die Morgensonne auf die Wiese brannte und die schwarzen Zelte in wahre Öfen verwandelte, da waren alle Sorgen und Ängste und das große Heimweh wie ausgelöscht. Tashi, ein Stück Paleb in der Linken, eine Schale Buttertee in der Rechten, schaute der Welt, dem Leben und diesem sonnigen Herbsttag mit großer Zuversicht entgegen.

Mit voll bepackten Eselskarren ging es dann nach Lhasa. Tashi und Pola thronten auf einem Berg von getrocknetem Fleisch und weichen Schafspelzen und wurden auf den holprigen Wegen kräftig durcheinander geschüttelt. Je näher sie aber der Stadt kamen, desto breiter und ebener wurden die Wege und es wurde geschäftig und laut um sie her. Tashi lernte nun die rauchenden Ungetüme und die Feuer speienden Yaks, von denen er so oft hatte sprechen hören, kennen. Und er hatte geglaubt, sie wären nur Erfindungen von Märchenerzählern! Nun rasselten sie laut brüllend an ihnen vorbei und hüllten alles in eine schmutzige und stinkende Staubwolke. Auch die kleinen Pferde aus Draht bemerkte Tashi schnell. Sie klingelten und klapperten leise und freundlich neben den braven Eseln her, die sich aus all der Geschäftigkeit um sie her nichts zu machen schienen.

Wie Tashi die große Stadt kennen lernte

Bald waren sie mitten im Stadtgetümmel. Große, hohe Häuser säumten hier die Straßen, ähnlich wie die nackten, grauen Felsen die sandigen Wege in Tashis Heimat. Doch hallte von ihnen der Hufschlag nicht wider, so wie Tashi es von seinen Felsen gewöhnt war; aus den Häusern schallte laute Musik, die in seinen Ohren fremd und ungewöhnlich klang. Alles war so laut, dass er sein eigenes Wort nicht verstand. Er hatte das Gefühl, drei Hände haben zu müssen. Zwei, um sich die Ohren zu verschließen, und eine, um die Nase fest zukneifen zu können, denn der Geruch der Stadt war

Auf dem Dach des Potala

stark und stechend wie von mindestens hundert Ziegen.

Als die Esel mit der Karre über einen großen freien Platz trabten, nahm Pola Tashis Hand und hielt sie in die Luft. Dann rief er, das Getöse übertönend: »Da vorne ist der Potala, der Palast des Dalai Lama. In diesem Palast hat er Winter für Winter seine ganze Kindheit verbracht.«

»Und wo ist er jetzt?«, wollte Tashi wissen.

»Er lebt jetzt jenseits der hohen Berge.«

Tashi war erstaunt. »Lebt er denn bei den langnasigen Gelbköpfen?«

»In Indien«, sagte der Alte. »Aber die Gelbköpfe lieben den Dalai Lama auch.«

Sie fuhren noch durch einige tosend laute Straßen und dann erreichten sie den stilleren Barkhor.

Der Barkhor ist eine Pilgerstraße, die um einen heiligen Tempel, den Jokhang, herumführt. Seite an Seite reihen sich kleine Marktstände, an denen bunte Stoffe, lustige Hüte, Lederwaren, Fleisch, Felle und Gewürze feilgeboten werden. Es wimmelt von Menschen, die sich zwischen den schmalen Gängen drängen und laut durcheinander rufen. Da sind die Nomaden und Bauern vom Land, die mit ihren dunklen, rauen Stimmen die Preise ihrer Waren verkünden, da sind die kleinen und schmutzigen Kinder, die emsig durch die Menschenmenge wuseln und mit ihren hellen Stimmen um Geld und Lebensmittel betteln. Da sind die Großmütter Lhasas, die im Schatten auf kühlen Steinstufen zwischen und hinter den Marktständen sitzen. Und während sie für den Frieden aller Menschen und für eine glücklichere Zukunft Gebetsmühlen drehen, vertiefen sie sich in schnatternden Klatsch und in haarsträubende Gerüchte, unterbrochen von aufgeregtem Wispern und leisem Kichern.

Es gab auch Menschen, die so fremd klingende Wörter sprachen, dass Tashi beim besten Willen nichts verstehen konnte. »Was sind das für singende Laute, die manche der Menschen hier ausstoßen?«, fragte er.

»Die Menschen unterhalten sich in einer anderen Sprache«, erklärte Pola. »Während wir beide Tibetisch sprechen, unterhalten sie sich in Chinesisch.«

»Verstehst du diese Sprache?«

»Nein«, antwortete Pola, »ich bin nur ein einfacher Nomade und war nie in der

Schule. Du aber wirst diese Sprache lernen, wenn du in eine Schule gehst.«

An der Hand des Alten ließ sich Tashi von dem Menschenstrom im Uhrzeigersinn um den Jokhang treiben.

»Möchtest du in den Tempel hineingehen?«, fragte der Alte, als sie an der Pforte des Tempels vorbeiliefen.

Tashi wollte nur allzu gerne, denn aus dem Innenhof ertönten Trommeln und Trompeten, Klänge, die ihm sehr vertraut waren. Wie oft hatte er ihnen gelauscht, wenn sie in aller Frühe von den Klöstern, die weit oben auf den Felsen standen, in die tiefen Täler schallten.

Im Eingang des Tempels vernahm Tashi vom Steinfußboden her ganz seltsam scharrende Geräusche.

»Das sind die Pilger, die sich hier niederwerfen. Sie kommen von weit her, um im Jokhang, dem Heiligtum Lhasas, dem Herzen Tibets, Butterlampen zu entzünden und Geld und Tsampa zu opfern. Ihre Reise dauert oft viele Monate und manchmal sogar Jahre. Aber sie reisen nicht etwa zu Fuß oder zu Pferd wie du und ich, sondern sie lassen sich auf ihrer Reise Meter für Meter der Länge nach in den Staub fallen und messen so die Wegstrecke von ihrer Heimat bis zum Jokhang mit ihrer Körperlänge. Je stärker sie bei diesen Übungen leiden müssen, desto tiefer wird die Hoffnung auf eine bessere Welt in einem nächsten Leben.«

Im Tempelinneren war es kühl und still. Es schien, als wären alle Geräusche des Barkhors und die der ganzen Welt draußen ausgelöscht, sobald sie in das Heiligtum eingetreten waren.

Ein Geruch von süßem Weihrauch und ranziger Butter stieg Tashi in die Nase und ließ ihn ganz schwindelig werden. Überall waren die kleinen Butterlampen aufgestellt, die wohlige Wärme und den kräftigen Geruch verbreiteten.

Tashi hörte auf- und abschwellende Stimmen von Menschen, die ihre Runden um heilige Statuen drehten und wie in eine andere Welt versunken unermüdlich Gebete murmelten. Auch

der alte Nomade war beim Eintritt in das »Herz Tibets« plötzlich wie ausgewechselt. Er schien Tashi ganz vergessen zu haben, hatte sich vermutlich in den Strom der Pilger eingereiht und war bald in den verschlungenen Gängen und heiligen Gebetsräumen verschwunden.

Wie Tashi die Schule für blinde Kinder fand

Tashi, der einige Zeit auf einem Mäuerchen gesessen, den Gebeten gelauscht und auf seinen Begleiter gewartet hatte, wurde jetzt unternehmungslustig.

Vorsichtig tastete er sich zurück in den Innenhof des Tempels, genoss für eine Weile die Trompeten- und Trommelklänge und lief dann in die Richtung, in der er die sich niederwerfenden Pilger vermutete. Bald stand er wieder auf dem Barkhor, mitten im Menschengewühl, und lauschte auf einen Hinweis, der ihm anzeigte, in welche Richtung er seine Schritte lenken sollte.

Er brauchte nicht lange zu warten, denn er hörte plötzlich, ganz in seiner Nähe, ein lautes Rumpeln, zersplitterndes Glas und eine Stimme, die ärgerlich zu schimpfen begann.

»Hast du keine Augen im Kopf? Bist du blind?«

»Ja«, erwiderte eine fremde Kinderstimme ruhig und selbstbewusst.

»So etwas ist mir noch nie vorgekommen! Kommt daher und haut mit seinem Wanderstab alles kurz und klein! Und frech wird der Bengel auch noch! Wollt ihr hören, was er zu seiner Verteidigung gesagt hat ...!«

Tashi wollte das aber nicht mehr hören. Er wühlte sich durch die Menschengruppe, die sich neugierig um den Schimpfenden gedrängt hatte, und vernahm gerade noch rechtzeitig, wie ein schnell aufeinander folgendes Tacktack, Tacktack hinter der nächsten Hausecke verschwand.

Der blinde Junge hatte sich geschickt aus dem Staub gemacht und nutzte einen langen Stock, den er schnell vor sich auf den Boden schlug, um seinen Weg zu finden. Das war ja genau, wie Pola erzählt hatte!

»Halt!«, rief Tashi aufgeregt. »Bleib doch stehen!«

Doch Tashis Rufe beschleunigten die Schritte des Blinden nur noch, der nicht von seinen Verfolgern eingeholt werden wollte.

Plötzlich hörte Tashi seinen Namen. »Tashi, Tashi, ich suche dich überall!« Pola war wieder da. Er nahm Tashi bei der Hand und sagte freundlich: »Komm mit, mein Junge, der Barkhor ist voller Gelbköpfe und es wäre doch gelacht, wenn wir mit ihnen kein gutes Geschäft machen könnten.«

»Nein!«, rief Tashi und riss sich los. »Ich kann nicht bei dir bleiben! Da vorne läuft ein blinder Junge und ich muss schnell hinterher!«

Zusammen nahmen sie die Verfolgung auf. An der Hand des alten Nomaden ging es

»Ka K`ha Ga Nga! Tscha Tsch`ha Dscha Nja!«, sangen Kinder im Chor und Tashis Herz machte einen Sprung.

»Ich glaube, wir sind da«, sagte Pola gelassen. »Ich kann zwar nicht lesen, was auf diesem Schild hier steht, aber findest du nicht auch, dass sich das ganz nach einer Schule anhört?« Er nahm den großen eisernen Türklopfer in die Hand und pochte dreimal kräftig an die Pforte.

Die Kinderstimmen verstummten. Eine Tür im Inneren öffnete sich und sie hörten, wie kleine schnelle Schritte über den Hof trappelten. Dann wurde ein Riegel zur Seite geschoben und das Tor öffnete sich einen Spalt.

durch schmale verwinkelte Gassen und vorbei an erschrockenen Marktfrauen, die in kleinen Läden Obst und Joghurt verkauften, an Kindern, die in den dunklen Winkeln der Häuser mit liegen gebliebenen Flaschen spielten, und vorbei an Toreinfahrten, die zu großen Höfen führten, in denen Tauben aufgeregt zu gurren begannen, als Pola und Tashi laut keuchend vorüberhasteten.

»Da läuft er!«, rief Pola aufgeregt. Er sah, wie ein kleiner Junge mit einem weißen Stock in einen Seitenweg einbog und schnell in eine Toreinfahrt schlüpfte. Mit einem lauten Krach fiel das Tor hinter dem Jungen und vor den Nasen der beiden Verfolger ins Schloss.

Lange standen sie da, schnappten nach Luft und horchten auf das, was da hinter dem geschlossenen Tor geschah.

Pola steckte seine Nase durch den Spalt und sagte freundlich: »Ich habe hier einen kleinen Jungen, der möchte gerne in eine Schule gehen. Es sollte aber eine besondere Schule sein, eine Schule für Kinder, die nichts sehen, so wie er selbst.«

Jetzt wurde das Tor ganz aufgeschoben und vor ihnen stand eine junge Frau, umringt von vielen Mädchen und Jungen, die sich neugierig um Tashi drängten.

»Das ist Tashi, er kommt aus Namri«, sagte der alte Nomade, und stolz fügte er hinzu: »Ich habe ihn den ganzen Weg aus den Bergen hierher gebracht.«

Die junge Frau lächelte und bat die beiden, ihr ins Innere des Hauses zu folgen. Doch Pola winkte ab, denn als er an sich herabsah, wurde er sich seiner Lumpen und seiner schmutzverkrusteten Hände bewusst. Diese Welt des Lesens und Schreibens, der gewaschenen Ohren, Hälse und Hände hatte nichts mit seinem Nomadenleben gemein.
Die junge Frau beugte sich zu Tashi hinunter und sagte: »Ich habe schon von dir gehört, Tashi, und ich freue mich, dass du gekommen bist. Dies ist tatsächlich eine Schule für blinde Kinder. Ich heiße Nordon und bin nun deine Lehrerin.«
Sie nahm seine Hand und führte ihn ins Haus.

Müde fuhr sich Tashi durchs Gesicht. Er drehte sich zu mir um und sagte: »Von jetzt an kennst du meine Geschichte. Du weißt alles über die Schule und ich mag auch nicht mehr erzählen.« Er gähnte laut. »Wann sind wir endlich da?«

Tashis Geschichte geht weiter auf Seite 70

TIBETISCHE SPRACHE UND SCHRIFT

Sprache und Schrift

Die tibetische Sprache gehört zur tibeto-birmanischen Sprachfamilie. Die heute noch verwendete Schrift wurde im 7. Jahrhundert aus dem indischen Schriftsystem entwickelt. Eine tibetische Literatur gibt es seit dem 9. Jahrhundert, in dem die buddhistischen Lehrschriften ins Tibetische übertragen wurden. Auch heute noch überwiegt der Anteil religiöser Schriften, aber es gibt auch eine weltliche tibetische Literatur.

Traditionelle Schriften werden auch heute noch mit der Hand hergestellt: Der Druckstock wird (seitenverkehrt) geschnitzt, mit Farbe eingerieben und dann jede Seite einzeln in einer Handpresse gedruckt. Die so entstehenden Seiten werden einzeln, ohne Bindung, zwischen zwei Holzdeckel gelegt und mit Stoff umhüllt.

Religiöse Texte werden auch in Stein gemeißelt. Diese Steine heißen Mani-Steine. Der häufigste Text ist das berühmte Mantra »Om mani padme hum«.

Die Sprache wird ohne besondere Kennzeichnung der Worte in Silben geschrieben. Sie besteht aus 30 Grundbuchstaben und 4 Vokalzeichen. Um Tibetisch für uns verständlich zu machen, bedarf es einer Transkription, d. h. einer Umschrift in die uns vertrauten lateinischen Buchstaben. Für die Umschrift des Tibetischen gibt es keine allgemein gültigen Regeln. Die Autorin dieses Buches hat sich deshalb darum bemüht, die tibetischen Namen und Begriffe in diesem Buch

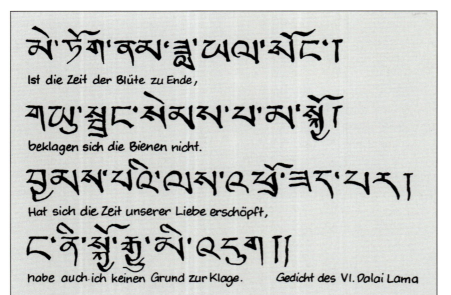

Ist die Zeit der Blüte zu Ende,
beklagen sich die Bienen nicht.
Hat sich die Zeit unserer Liebe erschöpft,
habe auch ich keinen Grund zur Klage. *Gedicht des VI. Dalai Lama*

TIBETISCHE SPRACHE UND SCHRIFT

so zu transkribieren, dass die Aussprache der Wörter der Originalaussprache möglichst nahe kommt. Diese offene Handhabung der Transkription ist auch der Grund, warum man in jedem Buch, in jedem Zeitungsartikel geringfügig andere Schreibweisen tibetischer Begriffe findet.

Blindenschrift

Der französische Blindenlehrer Louis Braille (1809–1862), selbst seit seinem dritten Lebensjahr blind, erfand die noch heute verwendete Blindenschrift, die seinen Namen trägt. Sie ermöglicht Blinden und schwer Sehbehinderten das Lesen und Schreiben.
Die Punkte der Braille-Schrift werden durch Abtasten mit den Fingern gelesen, zum Schreiben der Blindenschrift werden Blindenschrift-Bogenmaschinen verwendet, die die Punkte von unten her ins Papier drücken.

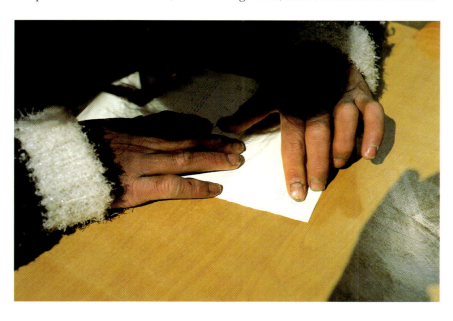

Die tibetische Blindenschrift

Die Autorin dieses Buches, Sabriye Tenberken, entwickelte während ihres Studiums eine tibetische Blindenschrift, die ebenfalls auf dem Braille-System beruht (siehe auch Seite 74/75). Sie beschreibt die Entwicklung und den Gebrauch so:

»Als Grundlage benutzte ich das Braille-System, das allein auf sechs ertastbaren Punkten basiert, die wie auf einem Würfel in zwei senkrecht nebeneinander stehenden Dreierreihen platziert sind. Mit diesen 6 Punkten können 64 Kombinationen gebildet werden, eine ausreichende Anzahl, um die meisten Schriftsysteme der Welt in diese Punktschrift zu übertragen.

Für eine tibetische Blindenschrift musste ich die Schrift anhand der Regeln des tibetischen Silbenschriftsystems konstruieren. Die 30 tibetischen Konsonanten sind gleichzeitig auch Silben, denn steht einer dieser Konsonanten allein und kein besonderer Vokal wird angezeigt, so enthält dieses Zeichen in sich bereits ein A. Die meisten dieser Zeichen haben auch schon allein für sich eine Bedeutung, z. B. K`ha = Mund, Ra = Ziege.

Die Konsonanten des tibetischen Alphabets können aber auch in bestimmten Formationen zusammengesetzt werden; vor oder hinter, über oder unter den so genannten Hauptkonsonanten gruppieren sich dann weitere Konsonanten. Dazu kommen die Vokale I, U, E und O.

Da dieses System in der Blindenschrift schlichtweg zu viel Platz eingenommen hätte, musste ich vereinfachen und alle Zeichen nebeneinan-

67

TIBETISCHE SPRACHE UND SCHRIFT

der platzieren, jeweils vor oder hinter dem Hauptkonsonanten.

Mein Arbeitsverfahren während des Studiums hatte sich mit der Entwicklung des tibetischen Blindenschriftsystems erheblich vereinfacht. Ich musste zwar, wie früher auch, meine Texte mit dem Optacon (eine Kamera, die gedruckte Zeichen in Impulse umsetzt und auf einen Finger der linken Hand projiziert) lesen, konnte sie dann aber in einen einfach zu handhabenden und schnell lesbaren Text umsetzen.

Während des Lesens diktierte ich den Text Silbe für Silbe auf eine Kassette und brauchte dann nur noch alles in die tibetische Punktschrift zu übertragen. Das klingt aufwendiger, als es in Wirklichkeit ist, denn da die Rechtschreibung des Tibetischen sehr kompliziert ist, wurde vor Jahrhunderten ein spezielles, sehr rhythmisches Buchstabierverfahren entwickelt, mit dem man in der Lage ist, Texte in hoher Geschwindigkeit Buchstabe für Buchstabe zu diktieren.

Bald konnte ich ohne Probleme mit Hilfe einer Blindenschrift-Schreibmaschine einem schnellen Diktat folgen. Oft war ich in der Niederschrift von Vokabeln oder Textpassagen schneller als meine sehenden Kommilitonen. Ich brauchte nun auch die zu bearbeitenden Texte nicht mehr

mühsam auswendig zu lernen, sondern konnte sie zusammen mit den anderen Studenten im Unterricht lesen und übersetzen.

Meine Vokabeln hatte ich stets auf kleine Karteikarten geschrieben und alphabetisch eingeordnet, sodass ich bald über ein damals noch nicht vorhandenes deutsch-tibetisches und tibetisch-deutsches Braille-Lexikon verfügte, von dem nicht nur ich, sondern auch etliche meiner Kommilitonen profitierten, denn sie baten mich nicht selten, einige Vokabeln in meinem Wörterbuch für sie nachzuschlagen.

Später half mir ein blinder Mathematiker, ein Computer-Schreibprogramm zu entwickeln, das in lateinischer Transliteration (buchstabengetreue Umsetzung eines Textes in eine andere Schrift mit Hilfe von zusätzlichen Zeichen) geschriebene tibetische Texte mit dem Punktschriftdrucker in die tibetische Blindenschrift überträgt. So können nun ganze Bücher und Lehrmaterialien für Tibetisch sprechende Blinde zugänglich gemacht werden.

Bis dahin aber war es ein langer Weg, und als Studentin ahnte ich noch nichts von den Möglichkeiten, die diese kleine Erfindung der tibetischen Blindenschrift mir und anderen eröffnete.«

DIE TIBETISCHE BLINDENSCHRIFT

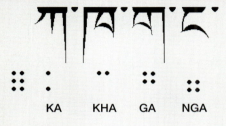
KA KHA GA NGA

CA CHA JA NYA

TA THA DA NA

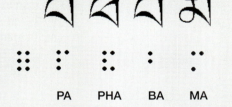
PA PHA BA MA

TSA TSHA DZA WA

ZHA ZA 'a YA

RA LA SHA SA

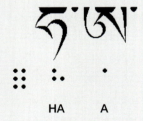
HA A

Wie Tashi das Losarfest in seinem Heimatdorf feierte

Die Sonne war schon fast untergegangen und tauchte die Berge und spitzen Felsen in rotgoldenes Licht, da stieg uns plötzlich Rauch in die Nase.

»Tashi!«, rief ich aufmunternd. »Wir haben es geschafft! Da vorne, das muss dein Dorf sein!«

Doch das hätte ich nicht zu sagen brauchen, denn in diesem Moment kamen von allen Seiten die Kinder des Dorfes laut jubelnd herbeigelaufen, hoben Tashi vom Pferd und behängten ihn mit Katakhs aus blütenweißer Seide. Und auch ich wurde von Tashis Eltern, seiner Großmutter und dem Dorfobersten mit Katakhs und tiefen Verbeugungen empfangen.

Sie führten uns in die frisch bemalte Hütte, die von innen und außen für das neue Jahr mit bunten Bändern geschmückt war. Die Menschen des Dorfes drängten sich hinter uns in das Zimmer, denn sie wollten sogleich Tashis neue Kleidung befühlen und alles über Lhasa und die Schule der Blinden erfahren. Tashi strahlte über das ganze Gesicht, als er, umringt von seiner Familie, den Kindern des Dorfes und allen, die in der engen Hütte noch ein freies Fleckchen gefunden hatten, von seinen Abenteuern und von den Freunden in der Schule erzählte.

Und während Tashi von den Nomaden und seiner Reise nach Lhasa berichtete und die Sonne langsam hinter den spitzen Felsen versank, wurde es ganz still. Nur das Knistern des Feuers begleitete Tashis Bericht.

»In der Schule gibt es Bücher«, begann er stolz zu erzählen, »Bücher, die nur wir Blinden lesen können. In das dicke Papier sind kleine Punkte gedrückt, die wir mit unseren

Fingerspitzen ertasten. Zum Schreiben gibt es kleine Tafeln und Nadeln, mit denen Punkte in ein Papier gestochen werden. Es gibt aber auch Maschinen, mit denen es sich sehr schnell schreiben lässt …«

Als der Abendhimmel sich langsam dunkelblau und schließlich tiefschwarz färbte, verteilte die alte Mola kleine Schüsseln mit der geliebten Gotugpa, einer Nudelsuppe »mit neun Köstlichkeiten«, die immer am letzten Abend des Jahres von allen gemeinschaftlich gegessen wird. Während die Menschen in der kleinen Hütte die Suppe genüsslich schlürften, fuhr Tashi fort, von seinen Schulfreunden zu erzählen.

»Denkt nur«, sagte Tashi, »da gibt es den Norbu. Er ist ganz klein, nicht viel größer als ein vierjähriges Kind, und er ist doch schon elf Jahre alt. Norbu ist oft ein bisschen frech, aber er ist unglaublich flink. Wenn er etwas ausgefressen hat, dann versteckt er sich in einem Schrank oder er rast so schnell wie ein Eisenyak um das gesamte Schulhaus, und Anila, die Hausmutter, hat dann immer Mühe, ihn einzufangen.«

Die Kinder staunten. »Ja, aber wie kann er denn so schnell rennen, er ist doch blind?«

»Na ja«, sagte Tashi und grinste, »manchmal kommt es schon vor, dass er mit einer dicken Beule auf der Stirn ganz kleinlaut wieder ins Haus schlüpft.«

»Ah zii!«, stöhnten die Mütter der Kinder und griffen sich voll Mitgefühl an die eigene Stirn.

»Dann ist da Passang, ein blinder Betteljunge, der im eisigen Winter von seinem Vater auf dem Barkhor zurückgelassen wurde.«

»Huuu, huuu!« Die Kinder schüttelten sich und krochen näher zum Feuer, das leise im Ofen zischte. »Wo hat er denn geschlafen?«, wollten sie wissen.

»Er hat sich meist unter einem Marktstand oder in einem Tempeleingang verkrochen. Als er zu uns in die Schule kam, wollte er kein Bett. Wenn er müde wurde, legte er sich einfach dort hin, wo er gerade stand, unter einen Tisch im Klassenzimmer, auf die Steine im Hof oder auf die regennasse Wiese im Garten hinter dem Schulhaus. Und manchmal, wenn wir uns stritten, dann sagte er einfach: ›Ich geh zurück auf den Barkhor, da hab ich meine Freiheit!‹ Und dann lief er fort und wir alle hinterher, um ihm zu sagen, dass wir doch Freunde wären und dass er es in der Schule doch viel besser hätte als draußen auf der Straße.«

»Ningdsche!«, riefen die Mütter mit Tränen in den Augen, was so viel wie »Ach, wie rührend!« bedeutet.

»In der Schule gehört Passang zu den Besten. Er ist sogar der Klassenbeste im Rechnen, denn er hatte ja niemanden auf dem Barkhor, der sein Bettelgeld zählte.«

»Gibt es auch Mädchen in deiner Schule?«, piepste Dolma, die ganz hinten in einer Ecke des Zimmers saß und mit großen Augen den Geschichten Tashis lauschte.

»O ja«, sagte Tashi. »Da sind Diggi und Metog. Die sind ganz schön verwöhnt und eigensinnig. Nie lassen sie mich bei Klassenarbeiten auf ihren Zetteln fühlen.«

Alle lachten. Auch ich musste lachen, denn Tashi schien die Anwesenheit seiner Lehrerin ganz vergessen zu haben.

Nur der Lehrer der Dorfschule schaute streng und meinte: »Das nenne ich aber schummeln, Tashi, das lernt man nicht in der Schule!«

Tashi lächelte verschmitzt. »Und wie man das in der Schule lernt! Mein Freund Tendsin hat es mir beigebracht. Er hat mir gezeigt, dass man das Rechenblatt während einer Klassenarbeit einfach nur in das Fach der Schulbank legen muss, denn die Lehrerin merkt doch nicht, wenn ich mit einer Hand über dem Tisch schreibe und mit der anderen Hand unter dem Tisch lese.«

»So etwas können wir nicht«, sagten die Kinder bewundernd, »es ist doch zu schade, dass wir nicht eure Schrift lernen!«

Als Tashi seinen Bericht beendet hatte, war

Ein Chörten auf dem Weg nach Terdrom

draußen pechschwarze Nacht. Von den Klöstern, die hoch oben auf den Felsen thronten, erklangen Trompeten, die leise im Tal widerhallten.

Die Kinder sprangen auf, nahmen Tashi in die Mitte und liefen in die dunkle Nacht hinaus. Begleitet von lautem Johlen, Heulen, Pfeifen und Schreien klatschten sie in die Hände, um die bösen Geister des alten Jahres zu vertreiben. Es klang schaurig zwischen den kleinen Lehmhütten und Tashi war sich sicher, dass kein Geist und kein Dämon diesen Klängen trotzen würde.

Dann aber durchfuhr es ihn heiß.

Da war doch sein Dämon, dem er so viel zu verdanken hatte! Er durfte sich nicht ängstigen in dieser Nacht, in der die Kinder es waren, die die Geister jagten!

Er erzählte mir von seiner Furcht und wir liefen zusammen zum Wacholderstrauch hinter dem Ziegenstall. Wir hatten beide einen Seidenkatakh um die Arme geschlungen und hielten je eine kleine Butterlampe und einen Krug mit dampfender Nudelsuppe in den Händen. Wir stellten die Suppenkrüge und die kleinen Butterlampen, die wir noch rasch entzündeten, an die Wurzeln des alten Strauches. Über die trockenen Zweige hängte Tashi die Katakhs, die nun leicht im Wind tanzten und im flackernden Licht ein Schattenspiel auf den sandigen Boden zauberten. Der Dämon sollte wissen, dass Tashi in dieser Nacht seine Hand über ihn hielt.

Als die Sonne am folgenden Tag über die Berge kroch, um das neue Jahr in Augenschein zu nehmen, entdeckten die Kinder, dass die Suppenkrüge, die wir in der Nacht zuvor an die Wurzeln des Wacholderstrauches gestellt hatten, bis zum Boden leer und trocken waren.

Wer hatte die Suppe gefressen? Waren es die Hunde, die nachts hungrig um die Hütten schlichen? Oder war es der Dämon, dankbar für Tashis Gaben?

Hier endet Tashis Geschichte

DAS BLINDEN-ZENTRUM TIBET

Die Blindenschule in Lhasa, die Tashi in der vorliegenden Erzählung findet und in die er aufgenommen wird, besteht unter dem Namen »Blinden-Zentrum Tibet« (der internationale Name ist »Project for the Blind, Tibet«). Die Schule wurde im Mai 1998 von Sabriye Tenberken als erster Teil des zukünftigen Blinden-Zentrums gegründet. Der Unterricht begann mit fünf Kindern. Inzwischen hat die Schule zwei tibetische Lehrerinnen und 17 Schüler und Schülerinnen. Viele andere warten mit fertigen Papieren auf die Aufnahme. Die Kinder werden in Tibetisch, Chinesisch, Englisch – alle drei Sprachen auch in der jeweiligen Blindenschrift – und in Mathematik unterrichtet.

Ziele des Blinden-Zentrums
Das Blindenzentrum ist als Orientierungszentrum für tibetische Menschen geplant. Erstes Ziel des Zentrums ist die Reintegration der blinden Menschen in die Gesellschaft der Sehenden. Dazu gehört:

– Kinder in Blindentechniken zu unterrichten, um sie später in weiterführenden Schulen gemeinsam mit Sehenden unterrichten zu können.
– Jugendlichen und erwachsenen Blinden eine Ausbildung zu geben, die ihnen einen Beruf ermöglicht.
– Ausbildung von Lehrern für die Blindenschule.
– Mobilitätstraining für Blinde.
– Produktion von Schriften und Büchern in tibetischer Blindenschrift.

Wie es zur Gründung der Schule kam
Sabriye Tenberken (siehe Seite 76), selbst seit ihrem 12. Lebensjahr blind, hat während ihres Studiums eine tibetische Blindenschrift auf der Basis des Braille-Schriftsystems (siehe Seite 67/68) entwickelt. Diese Schrift wurde die offiziell anerkannte Blindenschrift Tibets.

Nach Beendigung des Studiums reiste Sabriye Tenberken zu Pferd durch die TAR, um die Möglichkeiten zu erkunden, blinden tibetischen Kindern eine Ausbildung zu geben. Sie sprach in den Zelten der Nomaden, in Bauerndörfern und in Städten mit blinden Kindern und deren Eltern, und sie führte Gespräche mit Offiziellen der Regierung. Blinde Kinder hatten bis dahin in Tibet keinerlei Zugang zu einer Ausbildung, staatliche Versorgung gab es ebenfalls nicht. Oft wurden blinde Kinder ausgesetzt oder gezwungen, auf den Straßen der Städte um Geld und Lebensmittel zu betteln.

Im Mai 1998 konnte die Blindenschule Lhasa gegründet werden. Sabriye Tenberken und ihr holländi-

DAS BLINDEN-ZENTRUM TIBET

scher Lebensgefährte Paul Kronenberg, der durch seine vielseitige Mitarbeit das Projekt von Anbeginn unterstützte, sind heute die Projektleiter und organisieren den weiteren Auf- und Ausbau des Blindenzentrums.

Wie können wir helfen?
Das Blinden-Zentrum Tibet finanziert sich hauptsächlich durch Spenden. Diese kommen vor allem aus Deutschland und Holland, aber auch aus anderen europäischen und außereuropäischen Ländern.
Koordiniert wird das Blinden-Zentrum durch den

Förderkreis Blinden-Zentrum
Tibet e.V.
Im Auel 34
D-53913 Swisttal
Tel.: 02226 / 91 34 03
Fax: 02226 / 91 34 04
E-Mail: BLZTib@t-online.de
(Blindenzentrum)

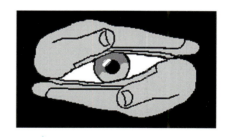

Mehr Informationen
im Internet unter:
www.blinden-zentrum-tibet.de

Spendenkonto:
Sparkasse Bonn
BLZ 380 500 00
Konto Nr. 138 061 95

Sabriye Tenberken wurde 1970 in Köln geboren. Schon im zweiten Lebensjahr stellten Ärzte bei ihr eine Augenkrankheit fest, die unweigerlich zur Erblindung führen würde. Noch in der Lage, Farben, Gesichter und Landschaften zu erkennen, wurde sie 1977 in eine Waldorfschule eingeschult. Dort lernte sie schreiben, konnte aber das Geschriebene nicht lesen und musste alles auswendig lernen.

Ab dem zwölften Lebensjahr besuchte Sabriye deshalb das Gymnasium für Blinde und Sehgeschädigte in Marburg. Dort lernte sie mit der Blindenschrift lesen und schreiben, sich mit dem Stock in fremder Umgebung zu orientieren, übte so alltägliche Dinge wie Busfahren, Einkaufen, Verreisen; aber auch Sportarten wie Reiten, Wildwasserfahren (Sabriyes Lieblingssport), Skilanglauf und Abfahrtslauf wurden ihr und ihren Mitschülern in dieser ungewöhnlichen Schule nahe gebracht.

Nach dem Ende der Schulzeit und einem Jahr in den USA begann Sabriye Tenberken in Bonn zu studieren. Da sie sich für Sprachen interessierte, wählte sie nach eigener Aussage das von allen unmöglichen Studienfächern für sie unmöglichste: Tibetologie. Während des Studiums entwickelte sie auf Anraten ihres Professors eine tibetische Blindenschrift.

1997 reiste Sabriye Tenberken auf eigene Faust nach Tibet, führte viele Gespräche mit blinden Kindern, deren Eltern und den lokalen Behörden und machte die ersten Verträge für die Blindenschule. Auf dieser Reise lernte sie den Holländer Paul Kronenberg kennen, der sie ein Jahr später wieder nach Lhasa begleitete und ihr seit der Gründung der Schule zur Seite steht.

Olaf Schubert, 1974 in Zwickau geboren, begann noch während seiner Studienzeit fotografierend die Welt zu erkunden. Seine Reisen, alle mit dem Fahrrad, führten ihn zunächst quer durch Europa, dann aber schon bald nach Asien. Über die extrem hohen Himalayapässe radelte er aufs Dach der Welt. Bei einer dieser Reisen lernte er Sabriye Tenberken kennen.

Während seiner Aufenthalte in Tibet sucht der Fotograf immer wieder den Kontakt zur Bevölkerung, benutzt deshalb auch möglichst die landestypischen Fortbewegungsmittel wie Pferd oder Lkw oder geht zu Fuß.

Inzwischen kennt Olaf Schubert das Land sehr gut. Er bereiste in den letzten fünf Jahren auch wiederholt kaum bekannte Gebiete Tibets; aus einigen Regionen hat er als einer der Ersten Bildmaterial mitgebracht.

Seit 1996 veranstaltet Olaf Schubert in vielen Städten Deutschlands Diashows mit dem Hauptschwerpunkt Tibet. Mit Bild- und Tonaufnahmen verdeutlicht er dort die große Faszination, aber auch die kulturellen und gesellschaftlichen Realitäten der Himalayaregion. Über seine Aktivitäten informiert Olaf Schubert im Internet: www.olafschubert.de

REGISTER

Autonome Region Tibet 14, 74

Barkhor 15, 49, 60, 61, 63, 70

Bhutan* 14

Blindenschrift 9, 42, 43, 46, 70, 72, 74 → auch: tibetische Blindenschrift, Punktschrift

Blindenschrift-Bogenmaschine 67, 68, 71

Blinden-Zentrum Tibet 74, 75 → auch: Schule für blinde Kinder

Brahmaputra* → Yarlung Tsangpo

Braille, Louis 67

Brailleschrift 67, 68, 74 → auch: Blindenschrift

Braunbären 15

Buddha 18, 22, 25

Buddhismus 22 → auch: tibetischer Buddhismus

Burma* 14

Butterlampe 10, 24, 25, 61, 73

Buttertee 18, 19, 32, 34, 35, 47, 48, 58

Chamdo* 14

Chang 34, 35, 48, 52, 53

China* 14

chinesische Sprache 14, 60, 74

Chörten 25, 72

Dach der Welt → Hochland von Tibet

Dalai Lama 14, 15, 23, 54/55, 60, 66

Drepung* 15

englische Sprache 74

Esel 28, 46, 53, 58, 60

Festzelt 51

Gämse 15

Ganden* 15

Gebetsfahne 23, 24, 25

Gebetsmühle 23, 24, 52, 60

Gebetsschnur 24

Gelbköpfe 48, 60, 63

Genla 8

Glücksschal / Glücksschleife → Katakh

Gotugpa 35, 71

Gyantse* 14, 23

Himalaya* 8, 14, 32, 44/45

Hochland von Tibet* 8, 12, 14

Indien* 14, 60

Indus* 14

Inkarnation 23

Jahreswende → Losar

Jangthang* 50

Jokhang 15, 26/27, 60, 61

Jomo Langma* → Mount Everest

Karakorum* 8, 14

Karawane 46, 52, 53

Karma 22

Katakh 23, 34, 52, 70, 73

Khabse 34, 35

Kloster 10, 23, 61, 73

Kumbum 23

Kunlun* 8, 14

Kyichu* 12, 15, 30/31

Lama 15, 22, 23

Lamaismus → tibetischer Buddhismus

Lamma-La* 44/45

Langnasen → Gelbköpfe

Lhamo Lhatso* 23

Lhasa* 8, 9, 11, 13, 14, 15, 23, 26/27, 30/31, 35, 43, 46, 48, 49, 52, 53, 54/55, 58, 60, 61, 70, 74, 75

Lhokha* 14

Losar 9, 10, 11, 21, 26/27, 28, 35, 70

REGISTER

Mandala   24

Mani-Stein   66

Mantra   24, 25, 66

Momos   32, 35

Mönch   22, 23, 32

Mount Cho Oyu *   6/7

Mount Everest*   6/7, 14, 16/17

Nagchu*   14

Namtso*   12, 38/39

Nepal*   14

Neujahr, Neujahrsfest   →
Losar

Ngari*   14

Nomaden   6/7, 10, 15, 18,
44/45, 46, 47, 48, 50, 52, 53, 60,
62, 63, 64, 65, 70, 74

Nonne   23

Norbulingka   15

Novize   23

Nyenchen Thangla*   12

Nyingtri*   14

Optacon   68

Paleb   18, 58

Panda   15

Pferdeesel   15

Pilger   10, 25, 61

Potala   15, 23, 53, 54/55, 58,
59, 60

Punktschrift   42, 68, 70, 71
→ auch: Blindenschrift,
Brailleschrift

Rollbild   → Thangka

Schafe   15, 48, 50

Schule für blinde Kinder   9, 13,
41, 43, 46, 49, 52, 53, 58, 64, 65,
70, 71, 72, 74, 75 → auch:
Blinden-Zentrum Tibet

Sera*   15, 25

Shigatse*   14, 15

Siddharta Gautama   22

Sommerpalast   → Norbu-
lingka

Stupa   → Chörten

TAR   → Autonome Region
Tibet

Terdrom*   22, 72

Thangka   24, 25

tibetische Blindenschrift   9, 67,
68, 69, 74

tibetische Sprache   14, 15, 60,
66, 67, 68, 74

tibetischer Buddhismus   15, 22

tibetisches Alphabet   36, 67, 69

Tingri*   6/7

Transkription, transkribieren
66, 67

Transliteration   68

Tsampa   13, 18, 32, 34, 35, 36,
41, 50, 52, 61

Tulku   23

Winterpalast   → Potala

Yak   15, 28, 29, 32, 44/45, 46,
50, 52, 53

Yakdung   15, 34, 40, 50

Yakdungfeuer   8

Yakdungofen   18

Yakhaarzelt   50, 51, 53, 58

Yarlung Tsangpo*   14, 15,
30/31

Ziegen   15, 28, 32, 33, 36, 37,
40, 43, 60

* geografische Namen

»Vielleicht ist die Welt für mich manchmal schöner, weil ich sie mir in der Vorstellung ausmalen kann.«

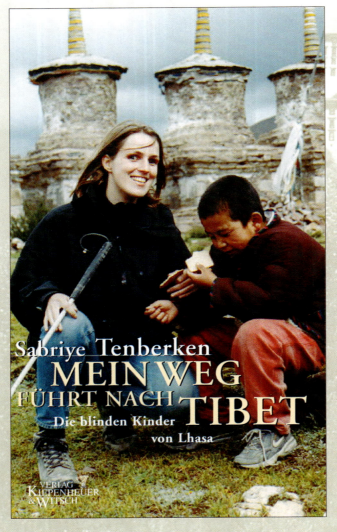

Die Gründung einer Blindenschule in Tibet – von diesem großen Abenteuer, das häufig kurz vor dem Scheitern stand, erzählt Sabriye Tenberken mit viel Humor und Zuneigung zu den Tibetern und ihrer so ganz anderen Kultur. Und sie zeigt uns, dass Blindsein keine Behinderung ist – wer nur will, kann seinen eigenen Traum verwirklichen.

„Die Begegnung mit der blinden Sabriye Tenberken hat mich tief beeindruckt - ich bewundere so viel Mut und Engagement für ihre Arbeit im fernen Tibet."
Alfred Biolek

www.kiwi-koeln.de